CW01081082

Louis Nicoletta

# Come Vincere La Timidezza
# e Diventare Un Maschio Alfa

## (2° edizione)

**Pizzo Nero Editore** • I Libertini

© Ediblues Srl
Santarcangelo di Romagna (RN)
Finito di stampare nel mese di febbraio 2020

# INDICE

Voglio farti i miei complimenti perché se stai leggendo queste pagine vuol dire che hai preso la decisione di cambiare.

Esistono tantissimi libri che parlano della timidezza e di come diventare un maschio alfa, ma lo fanno da un punto di vista artificioso e non spiegano delle strategie naturali.

Secondo me questo è un errore, ecco perché le strategie che troverai in questo testo sono il più "natural" possibile. Secondo una ricerca fatta dalla Riza di Raffaele Morelli, l'84% degli uomini italiani sarebbero dei timidi occasionali, insicuri di sé, e sempre più incapaci di comportarsi in maniera efficace con l'altro sesso.

Diverse persone che a oggi sono membri dello staff di PUATraining, me compreso, quando abbiamo iniziato il nostro percorso di seduzione e di crescita personale, eravamo timidi e introversi. Avevamo difficoltà a relazionarci con l'altro sesso. Nel tempo però, siamo cambiati così tanto da diventare dei maschi alfa e degli abili seduttori. Inizialmente, per noi, era impensabile cambiare la nostra vita in maniera così marcata ed evidente. Il percorso che abbiamo intrapreso però non è stato sempre facile da seguire, anzi, alle volte è stato maledettamente difficile.

Oggi la timidezza, per noi è solo un ricordo, ma per tantissime persone non lo è. Tuttavia, la maggioranza dei manuali che parlano della timidezza non spiega delle strategie pratiche per diventare un maschio alfa. Questo è un grave errore, perché hai bisogno di strumenti che ti permettano di prendere in mano la tua vita e modellarla come preferisci.

Ecco perché, in questo testo, non trovi solo delle tecniche per superare la timidezza, ma anche quelle per diventare il condottiero della tua vita e risvegliare il maschio alfa che c'è in te.

Voglio che tu diventi la persona che davvero desideri, per questo ti insegnerò diverse strategie in grado di cambiarti per sempre. Avendo superato la timidezza, conosco bene le tue paure e i tuoi dubbi, ma soprattutto conosco la sensazione che alle volte provi, perché ci sono situazioni in cui vorresti comportarti diversamente. Aver vissuto queste cose mi dà un vantaggio, perché mi ha permesso di conoscere a fondo le dinamiche che si celano dietro la timidezza.

Quello che ho imparato lo condividerò con te, evitandoti di commettere gli errori che ho commesso io. Inoltre, ti fornirò delle strategie per diventare un maschio alfa e un vero leader. Quello che ti assicuro è che, lavorando su te stesso, riuscirai a cambiare la tua vita. Il percorso da intraprendere non sarà sempre semplice e facile da seguire, spesso ti metterà alla prova, costringendoti ad adottare nuovi modi di fare a cui inizialmente non sarai abituato. Nella misura in cui ti impegnerai vedrai dei risultati.

Questo percorso migliorerà non solo il rapporto che hai con te stesso ma anche tutta la qualità della tua vita. Avrai dei benefici nel rapporto che hai con le donne, otterrai più risultati nel campo lavorativo e relazionale. In pratica inizierai ad ottenere tutti quei risultati che da sempre ti sono stati negati. Nella misura in cui metterai in pratica le strategie che imparerai, diventerà sempre più facile ottenere i risultati che desideri.

Alla fine di ogni capitolo troverai degli esercizi da svolgere. È importante che tu li svolga, perché per diventare la persona che desideri hai bisogno di una dose massiccia di azioni pratiche. La parte teorica di questo testo ti donerà la conoscenza necessaria di tutte le strategie e i modi di fare da conoscere, mentre gli esercizi e la parte pratica ti aiuteranno a creare il cambiamento che desideri. Il mio consiglio, per ottenere il massimo, è quello di rileggere più volte tutto il testo o i singoli capitoli che più ti interessano e di ripetere spesso lo stesso esercizio fino a padroneggiarlo perfettamente.

*Non c'è nulla di nobile nell'esser superiore ad un altro uomo. La vera nobiltà è nell'esser superiore alla persona che eravamo fino a ieri.*
*(Samuel Johnson)*

# SULL'AUTORE

Louis è nato e cresciuto in un paesino in provincia di Caserta e, ancorché in sintonia con molti aspetti della vita sociale nonché ammirato e rispettato dai suoi compagni maschi per le sue caratteristiche di iniziativa, determinazione e rispetto degli altri, aveva però zero capacità naturali con le donne.

Infatti non solo era timido e impacciato con loro, ma nel suo circolo di amici di solito era quello che rimorchiava di meno le ragazze che andavano in vacanza d'estate dalle sue parti, quello che in sei anni di liceo era finito a letto solo con due ragazze mentre i suoi migliori amici ad ogni gita scolastica facevano sempre bottino pieno, quello che veniva reputato non attraente e non aveva la più pallida idea di come trattare le donne e pensava che comprare loro da bere fosse la soluzione.

Inevitabilmente, nel migliore dei casi riusciva ad arrivare alla "zona LJBF" (*let's just be friends* - siamo solo amici), il che lo faceva sentire molto frustrato e perplesso.

A 18 anni riesce nell'ardua impresa di andare ad Ibiza da solo per 15 giorni (una mossa ritenuta abbastanza coraggiosa dai suoi amici), baciare una ventina di ragazze ma non riuscire ad andare a letto con nemmeno una di loro.

A 19 anni, nel pieno della sua gioventù, era convinto del fatto che non avrebbe mai avuto una ragazza.

A 20 anni, pur non avendo un chiaro piano di azione se non quello di "imparare un po' di inglese", decide di AGIRE per uscire dalla sua situazione di forte disagio (dovuta anche all'ambiente del piccolo paese dove viveva che, per quanto carino, offriva davvero poche opportunità) e si trasferisce a Londra. Cavalcando l'onda del "tutto nuovo/tutto bello", nella sua prima uscita, senza parlare una parola d'inglese, riesce a baciare una bellissima infermiera su una terrazza di un bar di Covent Garden.

Non riesce però a ripetere a suo piacimento questo primo ottimo risultato (ma, almeno, di buono c'era che da lì inizia a capire che forse c'è una correlazione tra il proprio stato mentale e il successo che si può avere con le donne) e infatti nei seguenti tre anni ha qualche mediocre successo anche se rimane sempre frustrato da:
1) non riuscire ad essere costante nei suoi successi;

2) non riuscire a restare con una donna per più di un'uscita, o una nottata nel migliore dei casi.

A 23 anni incontra una ragazza norvegese, con la quale trascorre tre anni della sua vita. La ragazza all'inizio è pazza di lui (anche se veramente Louis non si riesce a spiegare perché) ma poi lo lascia per un altro uomo.

A 26 anni, di nuovo single e fresco di laurea in *Business & IT* alla Westminster Business School di Londra, si dedica ai siti di incontro online e, senza avere ancora appreso i vari concetti teorici sulle arti venusiane che da lì a breve apprenderà, riesce ad andare a letto con circa 15 donne in un anno, sviluppando una metodologia propria auto-denominata "2 Hours-Close".

Dopo 2 ore di chat online stabilire un incontro, dopo due ore di incontro portarla nel suo appartamento, dopo 2 ore nel suo appartamento *F-Close* (ossia finirci tra le lenzuola). È pero inappagato dal solo riuscire ad applicare questa tecnica con le ragazze incontrate su Internet.

Nei seguenti cinque anni circa lavora su ogni aspetto del suo carattere, aspetto fisico ed abilità sociali specialmente con le donne. Le persone della sua infanzia non lo riconoscono più, la ragazza con cui usciva quando era in vacanza in Italia, nel rivederlo, ammette di non riconoscerlo più (e la stessa sera si è ritrovata in competizione con altre due donne sedute al suo stesso tavolino per chi doveva uscire con lui – alla fine Louis ha scelto un'altra!) e le persone nuove che man mano incontra, specialmente gli uomini, cercano di tenere le loro donne ben alla larga da lui.

Come altri del Team di PUATraining, ogni suo successo, ogni sua abilità, se li è dovuti guadagnare con l'impegno. È passato dall'essere uno zero all'essere un vero esperto di seduzione. Adesso riesce ad inventare gli opener più originali a seconda delle situazioni in cui si trova, riesce a creare complicità con le donne e conosce tutti i passi necessari per proporre se stesso come il *prize* (il premio che le donne vogliono conquistare, piuttosto che il contrario, come avviene per la maggior parte degli uomini). Ed è proprio questo cambiamento di dinamica nel rapporto uomo-donna che rende il suo insegnamento così efficace.

Nel Gennaio 2008 conosce Richard La Ruina e insieme fondano PUA Training Italia che da subito inizia a registrare un buon livello di interesse nella sua offerta (prodotti digitali per l'apprendimento in auto-didatta e corsi di seduzione dal vivo in varie città d'Italia).

Louis oggi vive a Londra ormai da 20 anni, insieme alla sua dolcissima e bellissima donna (entrambi apparsi su un reportage de *L'Espresso* di quattro pagine su PUATraining, conosciuta ad un corso dal vivo a Londra in seguito ad una dimostrazione pratica dopo che alcuni suoi studenti ancora si rifiutavano di fare approcci dal vivo dopo aver assistito alla parte teorica) con la quale ha messo su famiglia, e da più di dieci anni svolge il suo lavoro: trasmettere la sua conoscenza ed insegnare ad altri uomini come avere successo con le donne, accrescere la loro autostima e migliorare se stessi.

Nel corso degli anni, la stragrande maggioranza delle persone che ha avuto a che fare con lui ne ha beneficiato, ritrovandosi ad essere delle persone migliori rispetto a quando lo avevano incontrato dopo averlo frequentato assiduamente. Questo vale sia per gli uomini (indistintamente se siano ex-allievi, membri/ex-membri del Team di PUATraining o anche semplicemente amici) che per le donne che hanno incrociato il loro cammino con lui.

Oltre a *L'Espresso*, Louis è stato intervistato da alcuni dei più grandi media nazionali quali *Rai, Corriere, Radio Montecarlo, La Stampa, TGCOM, Radio Kiss Kiss, Gente*, etc... ed è stato il principale protagonista di un servizio de *Le Iene* andato in onda su Italia 1 nel programma *XLove* a Febbraio 2014.

Nel Novembre del 2017 ha presentato alla Mondadori di Milano il suo primo libro ufficiale (del quale è co-autore insieme a Richard La Ruina): *Dai Messaggi al Sesso*. Il libro ha registrato il sold out già a 2 settimane dal suo lancio sulle principali librerie online ed è arrivato a posizionarsi nelle primissime posizioni nella propria categoria su Amazon.it e, davanti a bestseller internazionali della sua nicchia, gode di ottime recensioni ed è andato in ristampa dopo soli tre mesi dalla sua uscita.

Uno degli aforismi dai quali Louis trae maggiore motivazione giornalmente (e spera che riportandola sotto abbia lo stesso effetto su di te) è:

**L'inferno sulla terra è incontrare la persona che saresti potuta diventare l'ultimo giorno della tua vita.**

# Cos'è La Timidezza

La timidezza è un'etichetta ed è il risultato di un preciso modo di pensare e di agire. Così come l'essere sicuri di sé è un preciso risultato che si ottiene applicando un determinato modo di pensare a delle azioni specifiche. Sicuramente la timidezza non corrisponde alla versione stereotipata che generalmente hanno le persone quando ci pensano.

La timidezza dipende dal contesto. Potresti essere timido solo con l'altro sesso, solo in certe situazioni, solo quando devi parlare in pubblico, solo quando devi parlare di te stesso... e in altri casi potresti essere tranquillo e sicuro di te. La timidezza funziona proprio così: è sempre contestuale.

La timidezza nasce quasi sempre come forma di protezione ed è un modo inconscio per salvaguardare la tua unicità, le tue idee e la parte più profonda e sensibile di te.

Esistono alcuni segnali ben precisi che aiutano a

identificarla. Solitamente, se si è timidi, si ha almeno uno di questi sintomi in un contesto specifico:

- cerchi sempre la "frase giusta" da dire;
- ricerchi l'approvazione degli altri;
- c'è qualcosa di te di cui ti vergogni;
- hai difficoltà a mantenere il contatto visivo per più secondi;
- ti paragoni spesso agli altri e li reputi migliori di te;
- non ti piaci.

Tutto questo è l'effetto di una forma di tutela che si attiva soprattutto se da piccolo hai ricevuto:

1. un eccesso di protezione;
2. un eccesso di critiche;
3. uno scarso contatto affettivo e sociale con gli altri.

### Eccesso di protezione

Il rapporto che ha un bambino con i suoi genitori quando è piccolo è sempre determinante nella formazione del suo carattere.

Tendenzialmente, l'essere umano quando è piccolo impara per imitazione. Tuttavia, se i nostri genitori non ci lasciavano sperimentare con tranquillità e ci impedivano di agire liberamente, la paura che provavamo quando eravamo rimproverati è la stessa che oggi ci inibisce nell'esprimerci liberamente. Inconsciamente crediamo che gli altri smettano di approvarci se ci comportiamo come vogliamo.

Naturalmente i nostri genitori hanno agito in buona fede per evitare che potessimo farci del male, tuttavia se sono stati troppo protettivi possiamo aver sviluppato una forma di timidezza legata alla paura del giudizio degli altri. Nel tempo, attraverso i nostri comportamenti e modi di pensare, abbiamo alimentato questa timidezza.

**Eccesso di critiche**

Esistono due tipi di critiche: quelle rivolte al comportamento e quelle rivolte alla persona e alla sua identità.

Per educare un bambino bisogna utilizzare le critiche rivolte al comportamento e mai quelle dirette alla sua identità. Un conto è dirgli: "il tuo comportamento è stato stupido"; un altro è dirgli: "tu sei stupido".

Tuttavia, se abbiamo ricevuto tanti giudizi sulla nostra personalità, allora la timidezza è diventata un modo per evitare di farci giudicare.

Criticando una persona sulla sua identità la feriamo solamente. Aver ricevuto tante critiche può averci reso più sensibili ai problemi degli altri e può averci portato ad agire come persone timide.

**Scarso contatto affettivo e sociale**

L'affetto che ci hanno dimostrato le persone più importanti per noi, durante la nostra infanzia, ha un'importanza vitale per la formazione di una buona autostima. Più precisamente, non è l'affetto che loro ci hanno dato ma quello che noi abbiamo percepito.

Ognuno di noi ha un suo modo di esprimere i sentimenti e, se qualcuno non riesce a farci sentire apprezzati, anche se ci vuole bene, noi sentiremo una mancanza di affetto da parte sua. Inoltre, può darsi che la timidezza sia solo una conseguenza dell'aver avuto insufficienti contatti sociali che ti ha portato ad isolarti sempre di più.

Indipendentemente da quale sia la causa, il risultato è che non hai sviluppato abbastanza abilità sociali da sentirti sicuro di te con le altre persone, tutto qui.

Non hai nessun problema, sei una persona con delle capacità specifiche in tanti ambiti e quello che ti serve è sviluppare delle "qualità sociali". Lavorando su te stesso puoi sviluppare tutte le abilità che vuoi e, oltre a quelle legate alla socializzazione, puoi impararne altre per esprimere al meglio le tue qualità.

La timidezza è strettamente correlata al non aver ricevuto dei riferimenti che ci diano la prova di essere apprezzati, così evitiamo di esporci per non ricevere ulteriori critiche. Questo si manifesta con:
- mancanza di autostima;
- paura delle opinioni altrui;
- non piacersi fisicamente;

- indecisione nella scelta degli argomenti, soprattutto nelle conversazioni con persone con le quali vorremmo fare bella figura;
- indecisione nelle scelte da prendere.

Una persona che è sicura di sé ha ricevuto tanti riferimenti in cui le persone lo hanno apprezzato e quindi si sente a suo agio con gli altri. Non ha problemi a esporsi al giudizio perché si è abituato a ricevere feedback positivi.

La timidezza è un "sistema di difesa" che il tuo inconscio ha attivato per proteggerti.

La maggior parte delle persone timide non ha una buona autostima ma può migliorarla iniziando a raggiungere obiettivi sempre più ambiziosi.

Per vincere la timidezza devi dare al tuo cervello una nuova immagine di te stesso e puoi farlo grazie a riferimenti chiari e precisi derivati da una moltitudine di obiettivi raggiunti. Le persone estroverse hanno creato questa convinzione di se stessi grazie a dei riscontri ottenuti attraverso esperienze di vita.

Porsi degli obiettivi e raggiungerli è un ottimo modo per aumentare la propria autostima e la consapevolezza delle proprie capacità.

La strategia consiste nel porsi tre obiettivi giornalieri da raggiungere. Tre obiettivi al giorno raggiunti diventano 1095 obiettivi all'anno realizzati.

Questo avrà un effetto positivo sulla tua autostima e migliorerà la qualità della tua vita. Inoltre diventerai più produttivo, perché eviterai di perdere tempo in attività che non ti aiutano nel raggiungimento dei tuoi desideri.

Raggiungendo sempre più traguardi inizierai a credere maggiormente nelle tue capacità e questo ti permetterà di spingerti un po' oltre quella che è la tua zona di comfort.

Decidi quali sono gli obiettivi per te più importanti da raggiungere e poi per ogni singolo giorno devi avere un piano di tre azioni da fare. Tre azioni svolte ogni giorno con costanza, nel tempo, possono portarti a raggiungere grandi traguardi.

Solitamente le persone che conoscono in maniera chiara e precisa quali mete vogliono raggiungere e si creano un programma di azioni pratiche da svolgere hanno più possibilità di realizzare le loro ambizioni.

Chi non conosce quali sono i propri intenti sicuramente non ha grandi chance di raggiungerli e si accontenterà di risultati mediocri. Devi conoscere i tuoi obiettivi e devi essere il più chiaro possibile su cosa farai per realizzarli.

Ecco alcune domande utili per farti riflettere sui tuoi obiettivi:
- Quali esperienze vuoi vivere nella tua vita?
- Se la tua vita fosse un film di cui tu fossi il regista, come vorresti che andasse tutta la trama?
- Quali risultati vuoi ottenere?
- Che tipo di persona vuoi essere?

- Chi vuoi diventare?
- Quali traguardi vuoi raggiungere?
- Cosa dovresti realizzare per meritarti la tua stima?

Rispondere a queste domande può darti un'idea più dettagliata di quali sono alcuni propositi per te importanti da raggiungere. Puoi porti obiettivi in più aree della tua vita o in quelle che ritieni più importanti.

Il passo successivo consiste nel creare un piano annuale, con le tre azioni più importanti da svolgere in ogni singolo giorno.

Naturalmente nella stesura delle azioni da fare è meglio procedere una settimana alla volta. La domenica ti prendi il tempo per creare il piano con le azioni da svolgere in ogni singolo giorno della settimana successiva.
Nell'ultimo week-end del mese, invece, crei il piano di azioni da fare per tutto il mese successivo o se preferisci solo per la prima settimana seguente.
L'importante è che, sia i tuoi obiettivi che le azioni da fare per raggiungerli, tu li scriva a penna.

Studi accademici hanno dimostrato che formulare il nostro obiettivo per iscritto aumenta notevolmente le probabilità di raggiungerlo.

Quindi niente applicazioni sul cellulare o modi di pensare del tipo: "io ho una buona memoria e non ho bisogno di scrivere le cose da fare". È indispensabile che tu metta per iscritto la lista dei tuoi obiettivi. L'ideale è acquistare un diario o un'agenda da utilizzare solo per questa attività.

Creati un diario personalizzato dove magari oltre alle azioni da fare inserisci delle citazioni o degli aforismi che ti piacciono. Inoltre, nel diario hai l'opportunità d'inserire delle immagini e questo può darti una carica aggiuntiva quando la motivazione calerà.

Un'idea utile da applicare all'elenco delle attività da svolgere è quella di assegnare una priorità alle tre azioni da compiere, scrivendo per prima l'attività più importante e a seguire le altre.

Ecco un esempio:

| Giorno 18 Dicembre |
| --- |
| - Correre 20 km |
| - Leggere un capitolo di un libro |
| - Iscrivermi a un corso di spagnolo |

Avere tre azioni da svolgere ti permette di focalizzare le tue risorse ed energie su quelle attività e ti permetterà di limitare le distrazioni inutili. Le persone perdono un'enormità di tempo tra email, social network e televisione.

Questo approccio non è funzionale per raggiungere obiettivi o creare dei cambiamenti duraturi nella tua vita. Il tuo tempo è sacro ed è giusto che tu lo utilizzi per vivere la vita dei tuoi sogni.

### Come formulare correttamente un obiettivo

Le caratteristiche da rispettare per porti correttamente un obiettivo, in modo tale che il tuo subconscio non ti crei dei sabotaggi, sono quattro:

- deve essere espresso in positivo;
- deve sottostare alla tua responsabilità la possibilità di realizzarlo;
- deve essere basato su evidenza sensoriale;
- deve essere ecologico.

### Espresso in positivo

Quando ti poni degli obiettivi devi focalizzarti sui risultati che vuoi ottenere. Se è formulato con una negazione oppure dirige la tua attenzione su ciò che non vuoi, allora è espresso in una forma sbagliata.

Esempi:

"Non voglio più essere timido": il modo in cui è formulato non è corretto perché inizia con una negazione.

"Voglio smettere di essere introverso": è formulato in maniera errata perché ti fa focalizzare su ciò che non desideri.

"Voglio sviluppare una forte autostima che si adatti al mio stile": è formulato correttamente perché sposta la tua attenzione su ciò che vuoi.

**Sotto la tua responsabilità realizzarlo**

Poiché ognuno di noi può controllare solo se stesso e il proprio comportamento, è importante che l'obiettivo sia solo sotto la tua responsabilità. Deve essere soggetto al tuo controllo diretto, il suo raggiungimento deve dipendere solamente da te.

Esempi:

"Devo correre 30 km" o "Devo svegliarmi presto ogni mattina": da questo punto di vista è formulato correttamente

**Basato su evidenza sensoriale**

L'ideale è che i tuoi obiettivi siano definiti e stabiliti su evidenza sensoriale, poiché questo è il "linguaggio" che il cervello capisce più chiaramente.

- Cosa vedrai quando raggiungerai il tuo obiettivo?

- In quale ambiente ti troverai?
- Ci saranno delle persone intorno a te?
- Qual è la prima persona con la quale condividerai il tuo successo?
- Quali rumori ascolterai?
- Cosa dirai a te stesso?
- Quali sensazioni proverai?

Rispondi a queste domande attraverso l'immaginazione perché il cervello funziona per "immagini" e svolgere questo esercizio darà alla tua mente una direzione precisa da seguire.

**Ecologico**

Non si intende qualcosa legato all'ambiente ma, semplicemente, devi stare attento a evitare che il raggiungimento del tuo obiettivo non ti costringa a compiere azioni che vadano contro i tuoi valori o che siano in conflitto con tutte le cose che reputi importanti.

Se, ad esempio, per una persona la famiglia è fondamentale e si pone l'obiettivo di raggiungere un grande traguardo nella sfera della sua carriera questo potrebbe creare degli auto-sabotaggi. In quanto il subconscio di questa persona reputa importante il rapporto con la famiglia e sa che sarà messo da parte per conseguire l'obiettivo.

Ogni volta che ti poni una meta da raggiungere fai un piccolo controllo sulle azioni che dovrai compiere:

devono essere in linea con la tua persona e con i tuoi valori più importanti.

**Per raggiungere 1095 obiettivi in un anno**

Poniti degli obiettivi da raggiungere nel breve e lungo periodo

Crea un programma giornaliero con le tre azioni più importanti da fare

Elenca le azioni per priorità. Quelle più importanti mettile in cima all'elenco

## Riassumendo

- Puoi cambiare l'idea che hai di te stesso, triplicando la tua autostima, semplicemente imparando a raggiungere obiettivi sempre più ambiziosi.
- 3 obiettivi raggiunti al giorno diventano 1095 obiettivi realizzati in un anno, questo avrà un impatto molto positivo sulla tua vita.
- Non iniziare mai un giorno senza prima aver deciso quali sono le 3 azioni più importanti da svolgere in quella giornata.
- Non iniziare mai una settimana senza aver messo a punto un piano di azioni pratiche da fare in quei sette giorni.
- Non iniziare mai un mese senza aver creato un piano da seguire che ti porti, attraverso il potere dell'azione, a raggiungere le tue mete.

## Esercizi

- Compra un diario o un'agenda nuova e crea un programma giornaliero con le tre azioni più importanti da svolgere per raggiungere i tuoi obiettivi.
- Per ogni nuovo giorno, settimana o mese devi creare un programma di azioni pratiche da fare. Il tuo tempo è sacro, usalo per creare la vita che hai sempre sognato.

Essere timido è come un "ruolo" che reciti. Ogni volta che ti ritrovi in una certa situazione, attivi il ruolo dell'essere timido. Probabilmente ti isoli dal gruppo, hai paura di portare le attenzioni su di te, sminuisci il tuo valore e diventi silenzioso.

Per vincere la timidezza, devi smettere di comportarti da persona timida. Devi cambiare l'immagine profonda che hai di te stesso. Altrimenti, se continuerai a comportarti e a pensare da persona timida, non riuscirai a realizzare il cambiamento che desideri. Poco alla volta non dovrai più definirti una persona timida.

L'immagine che hai di te stesso influenza i tuoi comportamenti. Questo principio lo utilizziamo negativamente quando affermiamo: "Io sono fatto così e non ci posso fare niente". In realtà è solo una scusa per non cambiare. Tu hai scelto di "essere così" per tanto tempo ma, se non ti piace, scegli qualcos'altro. Abolisci "io sono così" e inizia a definirti come la persona che vuoi diventare.

Definisciti come la persona che vuoi essere e non per quella che sei. Pensa, parla e agisci come una persona estroversa e sicura di sé. Comincia a parlarti nello stesso modo in cui ti parleresti se fossi sicuro di te e del tuo valore. Comportati come se già fossi diventato la persona che vuoi davvero diventare.

La timidezza è un modo di fare e di pensare che alimenti ogni singolo giorno, smetti di nutrirla.

- Come ti comporteresti se fossi la persona più sicura di sé dell'intero pianeta?
- Come parleresti a te stesso se avessi un'autostima straordinaria?
- Cosa faresti di diverso dal solito se credessi in te stesso e nel tuo valore?

L'idea che hai di te stesso è legata ai risultati che hai ottenuto fino ad oggi, ma ogni giorno sei una persona diversa con possibilità nuove. Tuttavia se continuerai a considerarti sempre nello stesso modo non potrai utilizzare appieno il tuo potenziale.

Prendiamo questo concetto e applichiamolo allo sport in modo da farti capire esattamente cosa intendo.

Ipotizziamo che una persona ami la corsa e ogni giorno copra una distanza di 20 chilometri. Domani questa stessa persona andrà di nuovo a correre e correrà sempre 20 chilometri. Non si sforzerà di correrne di più perché si è fatta condizionare dal risultato ottenuto in precedenza. Tuttavia, potrebbe correre anche 50 chilometri in più, ma non lo fa.

Ogni giorno è una persona diversa, anche solo semplicemente più in forma e i suoi risultati potrebbero migliorare se a ogni allenamento spingesse al massimo le sue forze invece di porsi dei limiti.

A ogni allenamento potrebbe raggiungere risultati migliori perché ogni giorno è in una condizione e in uno stato d'animo diverso dal giorno precedente. Magari ha letto una pagina di un libro che lo ha ispirato oppure ha ascoltato una canzone che gli ha dato la carica e questo basterebbe per permettergli di spingersi un po' oltre i suoi 20 chilometri abitudinari. Tuttavia prepara il suo allenamento sempre in base ai risultati ottenuti negli allenamenti precedenti.

Nella vita, ogni giorno hai la possibilità di spingere te stesso al massimo, senza farti condizionare da ciò che hai fatto in precedenza. Se, andando in una discoteca, credi che i risultati che puoi ottenere con le donne siano legati al tuo passato, ti sbagli. Ogni giorno sei una persona nuova che può ottenere risultati diversi, a patto che tu dia il 100%.

Il punto è che tutto ciò che hai ottenuto fino ad oggi non è così importante quanto l'impegno che ci metterai da ora in poi, ogni singolo giorno, per raggiungere i tuoi obiettivi. Hai 365 giorni di opportunità da sfruttare, non limitarti pensando a te stesso come a una persona timida ma comportati come se già avessi prodotto il cambiamento che vuoi.

**Utilizza a tuo vantaggio i livelli logici**

Robert Dilts ha creato 6 livelli logici che sono utili per creare un cambiamento.

Partendo dal basso, i primi tre livelli sono legati al mondo esterno mentre gli altri tre a quello "interno". Ogni livello influenza quello che lo precede e viene influenzato dal successivo, più il livello sta in alto e più influenza i livelli più bassi. L'immagine che hai di te corrisponde al livello dell'identità. Ciò che credi di te stesso influenza:

- i tuoi valori e le tue convinzioni
- le tue capacità
- il tuo comportamento
- l'ambiente che frequenti.

Per creare un cambiamento duraturo devi cambiare il livello dell'identità, ossia di chi credi di essere.

Questo livello viene definito da tutte le affermazioni che iniziano con: "io sono ".

Per esempio, se una persona ripete spesso: "io sono gentile", allora questa sua descrizione di sé avrà un'influenza sui suoi valori. Tenderà a considerare l'onestà e l'altruismo come importanti. Questo modificherà i suoi comportamenti, si sforzerà di non mentire e di comportarsi in maniera leale. Infine la visione che ha di sé modificherà anche gli ambienti e le persone che preferirà frequentare: sicuramente amerà circondarsi di persone oneste, tendendo a evitare chi si comporta in maniera disonesta.

L'idea che hai di te influenza i tuoi comportamenti. Se questi non sono in linea con la persona che vuoi essere, smettila di alimentare il pensiero secondo cui sei timido e introverso.

Per creare un cambiamento duraturo non è sufficiente cambiare i livelli logici che stanno alla base, ma dovrai cambiare anche quelli che stanno più in alto.

Inizialmente potrebbe essere utile cambiare gli ambienti che solitamente frequenti e iniziare a interagire con persone sicure di sé.

Immagina te stesso, per pochi minuti al giorno, come una persona socievole e sicura di sé. Visualizzati mentre parli con gruppi di persone facendo valere le tue idee, immaginati mentre ti comporti da leader. Usa l'immaginazione per visualizzare te stesso in situazioni che oggi ti potrebbero creare disagio. Immaginati mentre parli in pubblico, approcci delle ragazze, affronti le tue paure. Crea una visione di te stesso diversa e alimentala con i tuoi comportamenti.

Smetti di definirti "una persona timida" o di dirti: "io sono timido ", parla a te stesso come se fossi una persona sicura. All'inizio non vedrai risultati ma, appena creerai nuovi riferimenti, grazie all'immaginazione il tuo cervello percepirà la nuova visione di te come vera.

### Come cambiare lo schema del "Io sono fatto così"

Per cambiare la tua vita devi prendere l'abitudine a fare azioni che non hai mai fatto e che rimandi perché ti dici: "io sono fatto così". Questa etichetta che ti sei cucito addosso ti impedisce di cambiare e di crescere.

Di fronte al cambiamento ci sono due possibilità: assecondarlo oppure resistere, tentando di restare uguali. La seconda opzione è la più semplice da seguire, ma è anche quella che impedisce di migliorarsi.

Queste tre frasi ti impediscono di ottenere i risultati che vuoi raggiungere:

1. "Io sono fatto così"
2. "Non posso farci nulla"
3. "Ho sempre fatto così"

Ogni volta che ripeti una di queste tre frasi, ti stai "condannando" a restare come sei. Ognuna di queste espressioni è solo una scusa per non cambiare. Credere a queste tre affermazioni è un modo diverso per dire: "Ho raggiunto il massimo grado di crescita e non posso cambiare".

Naturalmente questo non può mai essere vero. In qualsiasi area della tua vita puoi sempre migliorare. Non esiste un certo grado di abilità che, una volta raggiunto, ti permette di essere perfetto. Puoi sempre fare di più. Queste frasi si ripetono per evitare di impegnarsi in qualcosa e cambiare.

Assecondare queste frasi ogni volta che si potrebbe cambiare, crea un circolo vizioso. Così, ad esempio, ti trovi al tavolo di un bar con un tuo amico e poco dopo arrivano due ragazze. Il tuo amico le conosce e inizia a scambiare due parole, le invita a sedersi al tavolo con voi e loro accettano.

Oltre ad essere due ragazze affascinanti, sono anche simpatiche e intelligenti. Consideri l'idea di volerle conoscere meglio ma un pensiero ti paralizza: "Io sono timido, sono fatto così".

Da quel momento in poi ti comporterai di conseguenza e perderai l'occasione di fare amicizia. Questo tuo comportamento andrà poi a rafforzare l'idea sbagliata che hai di te, cioè quella di una persona timida. Per questo è un circolo vizioso: più ti comporti da persona timida, più ti convinci di essere così e poi ti comporti di conseguenza.

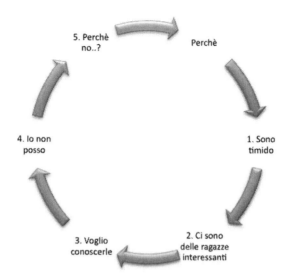

Il circolo vizioso viene alimentato dalla paura di commettere un errore. La paura di sbagliare è più grande del desiderio di cambiare la propria vita. Per distruggere questo circolo vizioso e crearne uno più utile devi capire che:

1. fino a oggi ti sei comportato da timido, i risultati che hai ottenuto sono il frutto delle azioni che hai compiuto;
2. metterti in gioco e iniziare a fare tutte le cose che fino ad oggi hai evitato con la scusa del "Sono fatto così" ti porta a ottenere più risultati;
3. prenderti la totale responsabilità di cambiare la tua vita è il primo passo di ogni cambiamento duraturo.

**Prenditi la totale responsabilità di cambiare la tua vita**

L'unico modo per cambiare la tua vita è quello di prenderti al 100% la responsabilità dei risultati che ottieni. Non si cambia la propria vita lamentandosi. Si cambia prendendosi la responsabilità delle proprie azioni e, se c'è qualcosa che non va bene, ci si impegna per migliorarla. Quando la tua vita non è come la desideri allora devi fare qualcosa di pratico per cambiarla.

Accusare il tuo passato o determinate persone, considerandole le principali cause della tua timidezza, ti toglie il potere di cambiare. Nell'accusare qualcun altro, cedi a lui il potere di cambiare quella situazione. È un concetto che le persone tendono a non notare, tuttavia è alla base di ogni cambiamento duraturo.

Quando accusi un'altra persona o le circostanze, con la scusa che è colpa loro se la tua vita non è come la desideri, in quel momento stai cedendo il tuo potere di cambiare una determinata situazione. Il tuo potere personale è strettamente legato al tuo livello di responsabilità.

Prendi su di te il 100% della responsabilità della tua vita e agisci per cambiarla. Infatti cosa accade se accusando un'altra persona questa decide di non cambiare? Non cambierai nemmeno tu!

Ecco due esempi:

1. Accusi i tuoi genitori per la tua timidezza, lamentandoti che è stata tutta colpa loro se tu,

oggi, sei timido. In questo modo, stai affermando che se non cambia il tuo passato tu resterai sempre come sei. È un'idiozia.

Non deve cambiare il tuo passato, ma devi cambiare tu. Accusare i tuoi genitori, in questo caso, ti impedisce di metterti in gioco e fare tutte le azioni che sai che dovresti compiere ma che ti creano disagio.

Prendendo la responsabilità su di te stai affermando: "Posso cambiare se mi impegno abbastanza perché il cambiamento dipende da me". Questa consapevolezza ti dona il potere di fare le azioni pratiche che hai sempre rimandato.

2. Incolpi spesso il tuo professore di matematica per i tuoi brutti voti. Non ti piace il suo modo di spiegare e di fare. È da un po' che prendi un voto basso nella sua materia e, invece di studiare di più, ti ripeti: "È colpa sua, se spiegasse meglio prenderei voti più alti".

Questo modo di pensare, per quanto possa a volte avere anche ragione d'esistere (io stesso al liceo odiavo il mio professore di matematica), ti limita. Invece se ti assumi la completa responsabilità dei voti che prendi allora puoi impegnarti per migliorarli.

Magari vai da un professore privato a fare ripetizioni (a me questo aiutò molto ad esempio), ti sforzi di fare più esercizi, inviti i tuoi compagni più bravi a studiare con te, cerchi online le spiegazioni che non hai capito. Tutto questo ti porterà a migliorare il tuo voto. Invece, se continuerai a incolpare il professore, se lui non cambia, tu avrai sempre un voto basso.

Tutte le volte che incolpiamo qualcuno e gli attribuiamo la responsabilità dei risultati che otteniamo, ci limitiamo enormemente.

Indipendentemente che sia la nostra famiglia, il nostro professore di matematica, l'ambiente in cui siamo cresciuti (all'inizio ti ho detto come io stesso provenga da un paesino che mi ha dato davvero pochissime opportunità), il vicino di casa, la città in cui viviamo, che sia una persona o delle circostanze, nell'accusarli cediamo il nostro potere personale. Limitandoci ad aspettare che le cose cambino, ma senza fare nulla di concreto per cambiarle.

Le persone che una volta erano timide e oggi non lo sono più, hanno cambiato la loro vita prendendosi la responsabilità e facendo tutto ciò che era necessario fare (vedi ad esempio Gambler che da Cambridge si è trasferito a Londra o io stesso che da un paesino di 5 mila abitanti in provincia di Caserta, mi sono trasferito a Londra 20 anni fa senza parlare una parola d'inglese!).

Più risultati ottieni

Più responsabilità ti prendi

# Riassumendo

- Per vincere la timidezza devi smetterla di pensare, parlare ed agire da persona timida;
- Fai attenzione a cosa aggiungi dopo le parole: "io sono..." per definirti;
- Parla a te stesso come se già fossi sicuro di te;
- Per creare un cambiamento duraturo devi cambiare l'idea che hai di te stesso;
- Puoi cambiare l'immagine che hai di te, visualizzandoti ogni giorno mentre ti comporti da persona sicura in tutte le situazioni che oggi ti mettono a disagio;
- Il modo migliore per cambiare la tua vita è smetterla di accusare le persone e le circostanze e prenderti la totale responsabilità per i risultati che ottieni;
- Nell'accusare qualcuno per una situazione in cui ti trovi, cedi a lui il potere di cambiare quella situazione;
- Il tuo potere personale è strettamente legato al livello di responsabilità di cui ti fai carico;
- Più ti senti responsabile per la tua vita e più risultati ottieni.

## Esercizi per cambiare l'immagine che hai di te

- Pensa, parla e agisci come se fossi già una persona sicura di sé;
- Per un mese, tutti i giorni per sette minuti, immaginati mentre affronti con sicurezza tut-

te quelle situazioni che oggi ti mettono a disagio;

- Evita di definirti ancora con etichette come "Io sono timido";
- Chiedi al tuo migliore amico di farti un segno, in silenzio, ogni volta che ti capita di dire "Io sono timido".

## Esercizi per aumentare il livello di responsabilità

- Smetti di accusare gli altri per i risultati che ottieni;
- Considerati l'unico responsabile dei tuoi successi e dei tuoi fallimenti (dando però il giusto valore alle persone che ti aiutano).

Le convinzioni sono una sensazione di certezza nei confronti di qualcosa o di qualcuno e determinano a quanto del tuo potenziale hai accesso.

Le convinzioni non sono né vere né false, ma se hanno dei riferimenti molto forti che le sostengono, tu le prenderai per verità assolute e ti comporterai di conseguenza.

I riferimenti principali derivano da esperienze di vita, da ciò che ci hanno insegnato le persone che noi consideriamo "autorevoli" e da ciò che abbiamo visto e sentito quando eravamo piccoli.

### Ciò che hai visto e sentito

- Quando eri piccolo i tuoi genitori come ti definivano?
- E le altre persone della tua famiglia?
- Ti è mai capitato di sentire dir loro frasi del tipo: "mio figlio è timido", "si vergogna", "è molto introverso"?

Se ti senti timido è molto probabile che, quando eri piccolo, ti sia stata data questa "etichetta" da persone che in buona fede vivevano a stretto contatto con te. Successivamente, hai alimentato questa immagine di te stesso e ora hai deciso di cambiare.

Tutto ciò che abbiamo sentito quando eravamo piccoli ci condiziona ancora oggi perché sono convinzioni che non abbiamo mai messo in dubbio, ci abbiamo creduto fin da subito e poi ci siamo comportati di conseguenza per anni.

Il tuo "condizionamento inconscio" determina il tuo modo di pensare. Se non ti piace puoi cambiarlo, ma a patto che tu sostenga la tua nuova credenza attraverso l'azione.

### Ciò che ti hanno insegnato le persone "autorevoli"

Tutto quello che dice una persona che noi consideriamo autorevole lo prendiamo per vero senza analizzarlo.

Scienziati, genitori, insegnanti, medici, leader religiosi o politici e tutti quelli che consideriamo "esperti" hanno il potere di influenzare le nostre convinzioni.

Nel 1800 un importante medico, spiegando il funzionamento del cuore, affermò che era umanamente impossibile correre la distanza del miglio (1,6 chilometri) al di sotto dei quattro minuti. Secondo lui, se una persona avesse corso questa distanza in un tempo inferiore, avrebbe messo a repentaglio la propria vita, rischiando che il cuore gli esplodesse.

Successivamente questa dichiarazione divenne un luogo comune, ripetuta da medici e sportivi. Gli atleti si convinsero nel profondo che le parole di quel medico erano vere e questo condizionò le loro azioni e i risultati che ottenevano.

Nel 1954, Roger Bannister passò alla storia per essere stato il primo uomo a correre il miglio al di sotto dei quattro minuti. La cosa più curiosa, però, è il fatto che, l'anno successivo all'impresa di Bannister, ben trentuno corridori riuscirono a ottenere lo stesso risultato. Nei tre anni successivi furono più di trecento gli atleti che riuscirono a correre la distanza del miglio in meno di quattro minuti.

Ci riuscirono perché l'esempio di Roger aveva messo in discussione ciò che si poteva o non si poteva compiere.

Nello stesso modo, anche tu puoi raggiungere risultati straordinari se metterai in discussione ciò che ti è stato insegnato riguardo quali risultati puoi raggiungere.

**Esperienze**
Le esperienze che viviamo, specie quelle emotivamente forti, condizionano ciò che crediamo sia vero e poi tendiamo ad auto-confermarci le nostre convinzioni.

Ad esempio, quando per una ragazza finisce una relazione perché lui si è comportato da "stronzo", lei inizierà a credere che "tutti gli uomini siano stronzi" e cercherà continuamente di provare quest'idea.

Se anche conoscesse una persona dolce e premurosa nei suoi confronti inizierà a pensare: "sicuramente vuole fregarmi, sicuro è uno stronzo".

Quando siamo assolutamente certi che le cose sono in un determinato modo è perché abbiamo una convinzione con molti riferimenti su quella determinata credenza.

Le esperienze che abbiamo vissuto hanno plasmato la nostra visione del mondo. Tuttavia puoi scegliere delle nuove convinzioni e sostenerle attraverso l'azione. Questo ti porterà a vivere nuove esperienze che, a loro volta, ti daranno conferma della nuova convinzione.

# Il lavoro con le convinzioni

*a) Crea dubbio*

Le convinzioni sono una sensazione di certezza perciò, se vuoi cambiarle, crea dubbi sulla loro veridicità. Devi toglier loro ogni riferimento. Facciamo un esempio. Ipotizziamo che la credenza limitante che hai sia: "Io sono timido e non posso avere successo con le donne". Per creare sfiducia e dubbio devi metterla in discussione, quindi chiediti:

- "Sono sempre timido oppure esistono delle situazioni in cui non lo sono per niente?"
- "Non esiste nessuna persona timida che ha successo con le donne?"
- "Se non ho mai raggiunto fino a oggi dei buoni risultati con le donne significa che non potrò mai più raggiungerli?"
- "Poiché esistono delle persone che, da timide, hanno ottenuto grandi risultati, come posso ottenerli anch'io?"

*b) Associa dolore*

Associa dolore "rivivendo" con l'immaginazione tutte le emozioni negative che hai vissuto a causa di questa convinzione, visualizzati mentre stai soffrendo a causa di questo modo di pensare. Ripeti questo passaggio varie volte.

*c) Scegli una nuova credenza potenziante*

Trova una frase o un'affermazione che ti aiuti ad esprimere meglio il tuo potenziale:

- ho tutte le qualità per avere successo nella mia vita
- posso avere successo con le donne
- scelgo di credere in me e nelle mie capacità
- posso creare i cambiamenti che desidero nella mia vita
- credo in me.

Scegli una nuova convinzione che ti supporti per raggiungere i tuoi obiettivi e ti permetta di esprimere al meglio il tuo potenziale. Senza esagerare naturalmente.

Se fino a oggi ti sentivi una persona timida, non è ripetendoti mentalmente "sono estroverso" che migliorerai. Quella del pensiero positivo così come viene trasmesso è solo una *cazzata*. Quello che sto dicendo è che, se pensi sempre le stesse cose, otterrai sempre gli stessi risultati; mettere in dubbio le tue convinzioni, associarvi dolore e scegliere un nuovo modo di pensare è solo la base del cambiamento.

Lavorare sulle tue convinzioni serve a far diventare assolutamente naturale, nella tua mente, l'obiettivo che vuoi raggiungere. Se invece lo consideri come qualcosa di impossibile o difficilissimo da ottenere allora non sfrutterai tutto il tuo potenziale.

*d) Associa piacere al nuovo modo di pensare*
Chiedi a te stesso:

- Come migliorerà la qualità della mia vita, se alimenterò questa credenza?
- Qual è la cosa più bella che mi potrebbe accadere, se nutro con costanza questo modo di pensare?
- Come sarò cambiato fra due anni?
- A quali risultati posso ambire grazie a questo modo di pensare?

Immagina vividamente i benefici delle risposte.

*e) Condizionati nel tempo*

Ora che hai scelto la nuova credenza, dovrai alimentarla e sostenerla. Il modo migliore per sostenere una nuova convinzione è di agire per ottenere dei risultati che il tuo subconscio utilizzerà come nuovi riferimenti.

- Qual è la prima azione da svolgere per alimentare la tua nuova credenza? Bene, falla subito!
- Cosa dovrai fare in questa settimana per sostenere il tuo nuovo modo di pensare? Fallo subito!

## Riassumendo

- Le tue convinzioni determinano a quanto del tuo potenziale hai accesso
- Le tue esperienze hanno contribuito a formare le tue convinzioni attuali
- Puoi cambiare le tue convinzioni limitanti
- Il modo migliore per sostenere una nuova convinzione è attraverso l'azione.

### Esercizi per cambiare le tue convinzioni

- Individua un paio di convinzioni che ti limitano (se non riesci a trovarle da solo chiedi a cinque persone che ti conoscono bene quali sono i tuoi "difetti") e utilizza il metodo esposto in questo capitolo per lavorarci e togliergli potere.

La paura del giudizio delle altre persone ti impedisce di esprimere al meglio le tue capacità. Chi vive con questa paura ha sempre la sensazione di essere giudicato e, in ogni cosa che fa, sente il giudizio degli altri.

Diversi anni fa, un istituto di statistica riportò una ricerca fatta su un campione di migliaia di persone, dove si analizzava qual è la paura più diffusa nel mondo. La cosa curiosa emersa da questa ricerca era che la paura di parlare in pubblico si trovava al primo posto, quindi la quasi totalità delle persone intervistate aveva più paura del giudizio degli altri che non di morire.

La paura di ciò che gli altri possano pensare di noi non solo è molto diffusa, ma può limitarci per tutta la vita. Una persona timida ha paura di esporre le proprie idee dicendo quello che realmente pensa perché, dentro di sé, percepisce il giudizio delle altre persone, ha paura di un'eventuale critica e allora sminuisce se stesso e il suo valore.

La paura del giudizio degli altri deriva da una sola cosa: dalla misura con la quale giudichi.

Percepiamo il giudizio delle altre persone nei loro

gesti, nei loro sguardi e nelle loro parole solo perché a nostra volta giudichiamo.

Nella misura in cui, andando a una conferenza, rido del relatore perché non si esprime in maniera "spigliata", allora anch'io quando dovrò parlare in pubblico mi sentirò giudicato. Magari, le persone alle quali devo parlare non mi stanno giudicando, ma io, nei loro sguardi, sento il loro giudizio.

Nella misura in cui giudichiamo ci sentiamo giudicati. Non è un principio religioso o legato alla morale, ma strettamente psicologico.

Nella misura in cui giudico le persone per come si vestono, per come parlano, per come gestiscono le loro relazioni, allora devo sentirmi giudicato a mia volta per come mi vesto, per come parlo e per come gestisco le mie relazioni.

La paura di parlare in pubblico è tra le più diffuse solo perché tutti giudicano.

In una società dove le persone non giudicano automaticamente, non potrebbero esistere nemmeno persone che si sentono giudicate.

Solitamente chi è timido è molto sensibile ed ha un forte senso morale, di ciò che è "giusto" e di cosa non lo è. Indipendentemente dal motivo per cui sei timido, se smetti di giudicare allora non ti sentirai più giudicato.

Purtroppo siamo abituati fin da piccoli a schierarci da una parte, giudicando sbagliato il comportamento della "fazione" opposta. Questo fa sì che iniziamo a considerare il giudicare come un'attività assolutamente innocua e, poi, ci meravigliamo quando abbiamo paura del giudizio degli altri.

L'importante è capire che, se giudico incapace il modo in cui un ragazzo prova ad approcciare una ragazza, allora poi sarò in ansia quando a mia volta vorrò approcciare. Magari la ragazza alla quale sto per parlare, a primo impatto, si è fatta una bella idea di me ma, poiché ho giudicato, sentirò nel suo sguardo e in ciò che dice un enorme giudizio.

Il giudizio agisce su tre linee:
**1) Tu giudichi un'altra persona**
Nel momento in cui giudichi crei una separazione tra te e ciò che stai giudicando. Se vuoi essere più estroverso allora evita di giudicare chi, quando parla a un gruppo di persone, non risulta sicuro di sé.

Se non vuoi più che il parere delle altre persone ti condizioni, allora smetti di giudicare le persone per come si vestono, per come parlano o per come si comportano.
**2) Ti senti giudicato dagli altri**
Anche se una persona ti dicesse delle parole offensive con l'intenzione di offenderti, non per forza devi sentirti giudicato, perché percepisci negli altri il giudizio solo nella misura in cui tu per primo giudichi.
Ci sentiamo giudicati per come ci vestiamo, per

come parliamo, per le idee che abbiamo con la stessa intensità con la quale giudichiamo.

### 3) Giudichi te stesso

Se sei severo con te stesso lo sarai anche con gli altri e ti sentirai trattato con severità anche in situazioni in cui le altre persone in realtà sono tranquille.

Se da te stesso pretendi sempre il massimo, allora lo pretenderai anche dagli altri. Il modo in cui tratti le altre persone è un indicatore di come tratti te stesso. Una persona timida ha una visione di se stessa alla quale si paragona che è sempre troppo "avanti" rispetto a se stesso.

Questa visione nasce da alcune idee sbagliate in partenza. Nel ricercare la perfezione, imprigioni te stesso nell'insoddisfazione. È normale commettere errori e sbagliare.

Nel giudicarti in maniera molto forte, ogni volta che sbagli, aumenti la tua insicurezza in varie situazioni e, successivamente, pretenderai la "perfezione" anche dagli altri.

Chi è timido si pone degli standard troppo elevati da raggiungere; è giusto avere grandi obiettivi ma diventa limitante giudicarsi come incompetenti se si commettono degli errori per raggiungerli.

Sono tre facce della stessa medaglia. Il concetto fondamentale da capire è che se una persona smette di giudicare, automaticamente toglie agli altri il potere di farlo sentire giudicato. Quando una persona teme molto il parere degli altri, solitamente giudica spesso tutte quelle persone che non si comportano in maniera "perfetta".

### Superare la paura del giudizio poco alla volta

Abbiamo idee rigide su noi stessi secondo le quali dovremmo essere sempre sicuri, felici, capaci e formidabili. Non ci perdoniamo gli errori, i momenti in cui abbiamo dubbi o in cui non riusciamo a raggiungere un determinato risultato.

Queste idee che abbiamo su di noi ci limitano enormemente perché nessuna persona può essere sempre capace, intelligente, sicura e felice. Dobbiamo imparare ad accettare tutte le sfumature di noi stessi. Ci saranno giorni in cui ci comporteremo da persone intelligenti e giorni in cui faremo qualcosa di stupido.

Giorni in cui saremo felici e giorni in cui saremo tristi. Giorni in cui la motivazione ci spingerà a compiere grandi imprese e giorni in cui non avremo voglia di fare niente.

Tuttavia, se nei giorni in cui non riusciamo a esprimerci al meglio ci giudichiamo con severità, allora stiamo creando i presupposti per giudicare gli altri quando non si esprimeranno al meglio.

La paura di ciò che gli altri pensano la si vince lavorando, all'interno di sé, attraverso il non-giudizio e, all'esterno, intraprendendo azioni concrete per superarla.

Ogni cambiamento interiore va supportato con

un cambiamento nelle azioni che si compiono all'esterno. In questo caso le azioni da compiere sono quelle legate a tutto ciò che ti provoca la paura del giudizio delle altre persone.

Ipotizziamo che tu abbia paura di parlare in pubblico, l'ideale sarebbe quello di affrontare questa sensazione poco alla volta ma in maniera costante.

Per iniziare puoi sforzarti di parlare a un gruppetto di tre persone. Successivamente, quando riuscirai a parlare con sicurezza a un gruppetto di persone, puoi sforzarti di parlare a dieci persone, e così via, aumentando di volta in volta il numero di persone che ti ascolteranno.

Non giudicare non vuol dire diventare incapaci di capire cosa sia "giusto" per noi o cosa sia "sbagliato" e fare delle scelte a riguardo. Semplicemente vuol dire sforzarsi di non etichettare più come "imbranate" tutte quelle persone che commettono degli errori nel compiere azioni che vorremmo compiere anche noi.

Ipotizziamo che il mio scopo sia quello di approcciare un gruppo di ragazze che non conosco. Sto passeggiando con un mio amico e vedo un gruppetto di donne davvero carine, ho voglia di andarci a parlare e, mentre ne parlo con il mio amico, noto che un ragazzo si è avvicinato alle ragazze. Scambiano un paio di battute e subito le ragazze se ne liberano.

Poiché quel ragazzo ha fatto qualcosa che anch'io vorrei fare, se lo giudico come "incompetente" allora quando andrò io a parlare alle ragazze sentirò il peso del loro giudizio.

Questo non vuol dire che non puoi più esprimere il tuo giudizio su quello che vedi, ma solo non farlo in un'ottica impregnata da pregiudizi, in cui una persona deve essere un super-eroe senza mai commettere errori.

Addirittura potrebbe capitare che, conoscendo quel ragazzo e la sua storia, potrei scoprire che in realtà era il suo primo approccio e quindi, in fin dei conti, non era stato tanto "imbranato" come lo avevo giudicato. Infatti spesso e volentieri, i giudizi che emaniamo cambiano appena riceviamo più informazioni su quella stessa situazione. Una persona che posso aver giudicato antipatica, conoscendola magari la considererò simpatica.

Nella misura in cui smetti di giudicare le persone per il modo in cui parlano ti sentirai più sicuro di esprimere le tue opinioni. Nella misura in cui eviti di prendere in giro chi, parlando in pubblico, commette degli errori nell'esprimersi, allora anche tu quando dovrai parlare in pubblico ti sentirai più tranquillo.

L'ideale è evitare tutte le situazioni in cui si giudicano le persone, ci si lamenta e si parla male di tutti. Una persona sicura di sé investe le sue energie nel raggiungere i suoi obiettivi, non ha tempo per parlare male di altre persone.

**Riassumendo**
- La paura del giudizio degli altri viene alimentata da una sola abitudine: dal giudicare;
- Per un principio psicologico: con l'intensità con la quale giudichi ti sentirai giudicato;
- Per superare la paura del giudizio bisogna lavorare all'interno e all'esterno di sé:
  - all'interno smettendo di giudicare;
  - all'esterno compiendo azioni pratiche.

**Esercizi**
- Evita di giudicare tutti e tutto;
- Allenati a superare la paura del giudizio degli altri mettendoti in situazioni in cui le altre persone ti possono criticare. Supera questa paura un po' alla volta. Ogni volta che ti esponi al giudizio degli altri, evita di giudicarti. Accetta di commettere degli errori.

Ecco alcune idee (l'ideale è applicarle in un paese in cui non conosci nessuno e soprattutto che non sia quello in cui vivi):

- Chiedi delle indicazioni stradali ad una decina di persone;
- Chiedi ad una persona delle indicazioni stradali, salutala e dopo una decina di secondi ritorna da lei e digli di ripeterti le informazioni perché eri distratto;

- Ferma delle persone del sesso opposto e chiedigli un parere sul tuo look;
- Inizia una conversazione con un perfetto sconosciuto parlandogli di qualcosa relativa al meteo;
- Attraversa la strada in un momento in cui attraversano anche altre persone, canticchiando la tua canzone preferita;
- Ferma una persona qualsiasi per strada e fagli dei complimenti;
- Ferma delle coppie di fidanzati e fagli i complimenti perché stanno bene insieme;
- Compra dei preservativi in un supermercato;
- Chiedi ad una decina di persone dove si trova il sexy shop più vicino;
- Vai nella piazza più grande del paese e sdraiati per una ventina di secondi;
- Proponiti come presentatore ad un evento pubblico;

Il nostro stato d'animo è neuro-associato alle posizioni che il corpo assume. La fisiologia è strettamente correlata alle emozioni che proviamo.

Per fisiologia si intende:

- postura del corpo;
- contrazioni del viso;
- movimenti.

Alcuni ricercatori hanno dimostrato che, cambiando la propria fisiologia, il nostro stato d'animo cambia in pochi secondi, ma se lo stato d'animo di partenza è molto negativo, allora cambierà in meno di tre minuti. Questo vuol dire che cambiando la postura del tuo corpo, in tutte le situazioni in cui provi disagio, ti sentirai più sicuro di te.

Una postura tipica usata dalle persone è questa: sguardo verso il basso, testa protesa in avanti, spalle curve, torace leggermente incassato, gambe incurvate verso la parte posteriore del corpo, all'altezza delle ginocchia. Questa fisiologia è associata all'insicurezza e utilizzarla spesso ti limiterà enormemente.

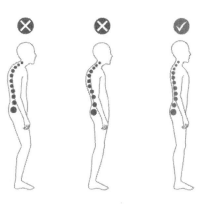

Invece, se tieni lo sguardo alto di fronte a te, spalle dritte, torace e petto in fuori, ti sarà impossibile mantenere lo stesso stato d'animo di prima. Cambiare la fisiologia è il modo più rapido per cambiare il proprio stato d'animo.

Contrarre alcuni muscoli, rilassarne altri, tenere le spalle dritte... sono tutte azioni che vanno a sbloccare dei blocchi energetici. Per esempio, se ci sforziamo di stare con le spalle dritte, si verifica un afflusso di energia dove prima c'era un blocco.

A un blocco fisico corrisponde sempre un blocco psicologico, quindi lo sforzo di restare con la schiena dritta e le spalle rilassate servirà a sciogliere un aspetto psicologico che si era cristallizzato in te.

Un radicale cambiamento nella fisiologia crea un immediato cambiamento nelle tue emozioni e nei tuoi comportamenti. Un maschio alfa ha una fisiologia che comunica sicurezza in se stesso.

In linea generale se riesci a modificare una postura abituale allora modificherai anche il modo di pensare che le corrisponde. Non è possibile modificare qualcosa a livello fisico senza cambiare anche qualcosa a livello psicologico. Inizialmente non ti renderai conto del cambiamento ma, con il passare del tempo, ti sarà evidente.

La prima porzione del corpo da tenere sotto controllo è il viso. Esso racchiude in sé tutta la personalità, in quanto il volto è un'analogia di tutto il corpo fisico.

L'ideale è rilassare il tuo viso con cadenza regolare durante il giorno. Rilassa principalmente la fronte, le labbra, e la mandibola. Di norma tutti tengono la fronte aggrottata, la mandibola serrata e le labbra contratte. Rilassarle per un certo periodo di tempo fa sì che la tua energia aumenti.

Come ti muovi quando cammini? Ci sono persone che pendono da una parte, molte stanno curve in avanti, ingobbite, come schiacciate da un peso; solo quelle sicure di sé camminano erette, con fierezza, con passo sicuro. Solitamente le persone timide camminano curve.

- Come cammina invece una persona sicura di sé?
- Come ti muovi quando sei sicuro e a tuo agio?
- Quali sono le posture che assumi quando senti di potercela fare?

- Quali espressioni facciali utilizzi più spesso quando ti senti tranquillo?
- Come respiri?

Individua quali sono le posture che assumi quando ti senti sicuro e poi sforzati di assumerle sempre più spesso. Analizza come ti muovi, come parli e quanto spazio occupi quando sei totalmente a tuo agio e poi replica questa fisiologia fino a farla diventare naturale per te. Analizza come utilizzi la tua fisiologia quando provi stati d'animo legati alla sicurezza e, poco alla volta, ripetili spesso durante il giorno.

Il corpo tende a rimpicciolirsi e a chiudersi su se stesso nelle situazioni in cui ha paura e non può scappare. Nel momento in cui si sente in pericolo, la fisiologia di una persona tende a chiudersi e, istintivamente, il corpo porta le mani e i piedi a protezione degli organi vitali.

Questo processo ha un impatto sullo stato d'animo della persona, perché la porta a rimanere nella paura per risparmiare il più possibile le proprie energie, in modo tale da utilizzarle per attaccare oppure proteggersi dall'eventuale pericolo.

Contrazioni e movimenti verso il basso tendono a restringere i vasi sanguigni e creare emozioni senza risorse come tristezza, malinconia e depressione.

Invece tutte le volte che una persona si sente tranquilla, felice e prova stati d'animo positivi, il corpo si "allarga", cercando di occupare sempre più spazio.

Inconsciamente, quando una persona si sente sicura di sé tende ad allargare le braccia, occupare più spazio con le gambe, portare il petto in fuori e rilassare diversi muscoli. Movimenti ed estensioni verso l'alto aiutano la circolazione sanguigna e producono emozioni piene di risorse, come l'entusiasmo.

La cosa più interessante e preziosa di questa conoscenza è che se le posture del corpo sono neuro-associate a degli stati d'animo, allora cambiandole volontariamente si può accedere a stati d'animo più utili.

Ogni volta che ti trovi a vivere situazioni che ti mettono a disagio, affrontale con una fisiologia potenziante. Assumi delle posture che ti facciano sentire sicuro di te, tieni le spalle dritte e il petto in fuori. Agisci con energia e determinazione. Parla con un volume di voce tale che non sia necessario ripetere ciò che dici perché il tuo interlocutore non ti ha sentito.

Per sviluppare una maggior fiducia in te stesso e utilizzare al meglio il tuo corpo, l'ideale è quello di praticare diversi sport. Solitamente le persone praticano un solo sport per tutta la vita.

In termini di gestione del proprio corpo, questo modo di fare non risulta essere il più corretto. Infatti, puoi imparare a gestire meglio te stesso grazie alla pratica di più discipline.

Magari pratichi un'arte marziale per qualche anno e poi inizi a prendere lezioni di ballo latino-americano. Potresti iniziare praticando nuoto per qualche anno e poi cambiare, prendendo lezioni di pallavolo. Ogni sport ti permette di lavorare ed esprimere un certo tipo di energia.

Da questo punto di vista è più utile imparare a ballare il tango, poi praticare squash e allenamento a corpo libero, quindi judo e così via, piuttosto che focalizzarsi sulla stessa attività per anni.

In questo modo lavorano energie del corpo e della psiche sempre differenti. All'interno della stessa disciplina o dello stesso sport si possono sviluppare qualità diverse: il ballo latino-americano ti permette di lavorare sulla sensualità, la danza afro sul vigore, la danza classica sulla precisione e le forme.

Inoltre, praticare uno sport ti permette di socializzare con molta più facilità, perché ti costringe a inserirti in un gruppo di persone e a parlare con loro. Parlare a dei perfetti sconosciuti potrebbe crearti dell'ansia, ma parlare alle persone che vedi spesso in settimana perché condividete una passione o la pratica di uno sport è diverso.

Un altro effetto collaterale, assolutamente positivo, è che nel tempo aumenterai la tua autostima.

## Riassumendo

- Il nostro stato d'animo è neuro-associato alle posizioni che il corpo assume;
- Per sentirti più sicuro tieni lo sguardo alto di fronte a te, spalle dritte, torace e petto in fuori;
- Se cambi la tua fisiologia in pochi secondi (alle volte pochi minuti) cambia anche il tuo stato d'animo;
- Il corpo tende a chiudersi su sé stesso quando ha paura e tende a utilizzare più spazio quando si sente al sicuro;
- Solitamente le persone praticano un solo sport per tutta la vita. In termini di gestione del proprio corpo, questo modo di fare non risulta essere il più corretto;

## Esercizi

- Individua quali sono le posture che assumi quando ti senti sicuro e poi sforzati di assumerle sempre più spesso fino a farle diventare naturali;
- Inizia a praticare uno sport e, se già ne pratichi uno, valuta l'idea di cambiarlo. Tuttavia se non vuoi perdere tempo a trovare lo sport adatto a te allora inizia dal running.

Il linguaggio che usiamo per descrivere le nostre esperienze dona significato all'esperienza stessa, perché ogni evento non ha significato se non quello che tu gli attribuisci.

Le parole che utilizziamo per descrivere ciò che ci accade e come ci sentiamo sono un modo importante che abbiamo per controllare i nostri stati d'animo. Inoltre, le parole che utilizziamo per parlare a noi stessi ci influenzano enormemente, in positivo o in negativo.

L'impatto delle espressioni che utilizziamo su di noi è così forte che, se si cambia una convinzione ma si utilizza sempre lo stesso vecchio schema di linguaggio, si rientrerà inevitabilmente negli stessi schemi emotivi e comportamentali. Per imparare a utilizzare il linguaggio a proprio vantaggio bisogna cambiare:

- le metafore che si usano per descrivere se stessi e le proprie emozioni;
- le domande che ci poniamo;
- la propria domanda guida.

Il cervello risponde sempre alle domande che gli

poni. Sicuramente ti sarà capitato di salutare una persona e di non ricordare qual fosse il suo nome, tuttavia hai continuato a chiederti come si chiamava. Alle volte, anche dopo diverse ore, ti capita di ricordare quel nome. Quindi il cervello ha cercato la risposta alla domanda che gli hai posto, anche se stavi facendo altro.

### Metafore

Fai attenzione alle metafore che esprimi perché hanno un potere enorme: ti senti come se avessi le "gomme a terra" o sei "carico come una molla"?

Sia come sportivo che come persona, scegli delle metafore potenzianti. Ti senti un vulcano di energia? Un carro armato? Terminator? Un figlio del vento? Un cecchino? O ti senti con le "batterie scariche"?

Noti la differenza? Se dici: "ho un problema", ti poni in un atteggiamento passivo. Mentre invece se dici: "ho una sfida da affrontare", ti poni in una situazione di azione… Hai notato come cambiando il linguaggio che usi cambia anche l'interpretazione che dai alla situazione?

### Le domande che poni a te stesso

Le domande che poni a te stesso hanno la capacità di dirigere la tua attenzione mentale. La maggior parte delle persone si pone delle domande che aumentano i propri sensi di colpa o la paura. Bisogna porsi delle domande di qualità.

In linea generale le domande che iniziano con "perché" ti fanno concentrare sui problemi; mentre quelle che iniziano con "come/cosa" spostano la tua attenzione sulle soluzioni.

Smetti di chiederti:

- Perché sono timido?
- Perché non riesco a esprimermi con totale sicurezza?

Queste domande non fanno altro che farti focalizzare sul problema.

Inizia a chiederti:

- Come posso essere sicuro di me?
- Cosa posso imparare dalla mia timidezza?
- Come posso diventare un maschio alfa, valorizzando le mie qualità?
- Cosa posso fare per sentirmi a mio agio nell'esprimere le mie opinioni?

Ogni volta che la tua mente si focalizza su problemi inutili, sposta la tua attenzione utilizzando il potere delle domande.

### La domanda guida

La domanda guida è la domanda dominante che normalmente dirige il tuo modo di pensare, conscio e inconscio, durante il corso della tua vita. Modificarla può aiutarti a creare i cambiamenti che desideri perché è il più importante "filtro" su ciò che costantemente noti (o non riesci a notare) e sperimenti nella tua vita.

Nella nostra mente, il dialogo interiore viene costantemente influenzato dalle domande consce e inconsce che poniamo a noi stessi. Conoscere qual è la tua domanda guida è molto importante per creare i cambiamenti che desideri perché, se la domanda che ti poni costantemente ti fa focalizzare su dei problemi, cambiandola potrai attingere a maggiori risorse.

Inconsciamente le persone sicure di sé e i maschi alfa si sono abituati a porsi delle domande potenzianti, mentre quelle timide tendono a sminuire le loro capacità e ciò che producono. Il dialogo interno di una persona timida, se lo si analizza meglio, è formato da domande depotenzianti e discorsi che limitano le sue capacità.

Per diventare sicuro di te non devi solo individuare la tua domanda guida, ma devi cambiarla, creandone una più adatta alla persona che vuoi diventare.

Ecco i criteri per determinare e conoscere la tua domanda guida:
- te la poni costantemente, in qualsiasi contesto;
- inconsciamente, credi che vivere secondo questa domanda ti protegga da possibili problemi, difficoltà o situazioni pericolose. Potresti averla trasformata da domanda a modo di pensare. Oppure potrebbe essere formulata come una domanda istintiva legata alla sopravvivenza;
- inconsciamente, pensi che vivere seguendo questa domanda ti porti dei vantaggi. Non

per forza devono essere dei benefici reali, può darsi semplicemente che ti sia convinto che sia così;

- associ alla sua realizzazione delle forti emozioni positive.

Può succedere di sviluppare una domanda guida dopo aver vissuto un'esperienza emozionalmente molto forte. Perciò potrebbe essere legata a un'esperienza per te dolorosa o di disagio.

### Alla scoperta della tua domanda guida

Poni a te stesso le seguenti domande allo scopo di scoprire e trasformare la domanda guida che attualmente dirige il focus della tua vita.

1. Sino ad oggi, qual è stato il tuo focus primario nella vita?

- Quali risultati, per te, sono importanti da raggiungere nella vita?
- Qual è la cosa sulla quale hai posto la massima attenzione fino ad oggi?
- Quali sono le domande che ti sei posto più spesso nella tua vita, quali sono?
- Su cosa hai concentrato in maggior misura la tua energia?
- Su cosa ti stai focalizzando maggiormente nella tua vita, in questo periodo?
- Quali sono le aree della tua vita che consideri fondamentali?
- Per quali valori ti sei battuto fino ad oggi?

- Quale potrebbe essere la domanda che ti ha guidato fino ad oggi?

2. Quali convinzioni ti hanno guidato fino ad oggi?
- Se dovessi insegnare a una persona solo tre lezioni che hai imparato nella tua vita, quali sarebbero?
- Quali benefici primari e secondari ci sono nel soddisfare le domande che ti poni più spesso?
- Quali conseguenze negative credi sarebbero accadute se non avessi realizzato l'oggetto del tuo focus?

3. Quali sono stati gli eventi emozionalmente più importanti della tua vita?

4. Quali desideri e bisogni soddisfano le domande che ti poni costantemente?

5. Quale potrebbe essere la tua domanda guida attuale, in virtù delle risposte alle domande precedenti? (Prova a formularne una anche se non sei convinto che sia quella giusta)

6. Quale potrebbe essere la tua nuova domanda guida, che ti conduce alla realizzazione della vita che desideri? (Formula la tua nuova domanda guida che vuoi che diriga la tua vita)

Quali sono i benefici che la tua nuova domanda guida deve portarti?

7. Ci sono degli aspetti negativi in questa domanda guida? Se sì, cambiali!

8. Come può la tua nuova domanda guida aiutarti a esprimere al meglio il tuo potenziale?

9. Qual è il modo migliore per rendere più breve la tua nuova domanda guida, mantenendo gli effetti positivi che ti dà, in modo tale da poterla ricordare e ripetere in maniera più efficace?

Non ti resta che ripeterti spesso la tua nuova domanda guida: cantala, chiedila spesso a te stesso, rendila divertente e facile da memorizzare. Ripetila fino a quando non ti sarà facile vivere in risposta a questa nuova domanda.

Esempi di possibili domande guida:
• "Come posso raggiungere i miei obiettivi con gioia?"
• "Come posso dare il meglio di me con gioia, passione e facilità?"
• "Come posso migliorarmi costantemente e amarmi così come sono?"
• "Come posso usare al meglio le mie risorse e le mie capacità?"

- "Come posso incrementare la felicità nella mia vita mettendo ancora più passione?"

## Riassumendo

- Il linguaggio che usiamo per descrivere le nostre esperienze dona significato all'esperienza stessa.
- Fai attenzione alle metafore che utilizzi per esprimere come ti senti.
- Le domande che iniziano con "perché" ti fanno focalizzare sui problemi, quelle che iniziano con "come/cosa" sulle soluzioni.
- Uno dei "filtri" più importanti con il quale interpreti la realtà è dato dalla tua domanda guida.

## Esercizi

- Crea una lista di domande potenzianti che puoi farti ogni giorno e ogni sera.
- Crea la tua domanda guida e ripetila spesso a te stesso.

Una persona timida, spesso, dà troppo peso ai suoi pensieri, ripetendo a se stesso:

- "E se poi non ci riesco?" (dirige la sua attenzione a ciò che potrebbe sbagliare aumentando la sua ansia)
- "E se poi vengo criticato?" (si crea un'immagine mentale degli altri che lo criticano e questo aumenta i suoi dubbi)
- "E se poi non gli piaccio?"
- "E se poi vengo rifiutato?"
- "E se poi non so cosa dire?".

Queste domande sono totalmente inutili e ti limitano enormemente. Se ti capita di farti spesso queste domande, sai di cosa parlo. La soluzione per uscire da questi pensieri negativi è quella di aumentare la tua consapevolezza, imparando a spostare l'attenzione dai tuoi pensieri limitanti a quello che accade nel "qui e ora".

Nella misura in cui una persona è maggiormente identificata con i suoi pensieri, si farà limitare quando ciò che penserà non sarà positivo. La mente ha la capacità di focalizzarsi continuamente sul futuro, anticipando ciò che potrebbe accadere, oppure sul passato, ricordando ciò che è accaduto.

Bisogna imparare a gestire e controllare la propria mente che, altrimenti, senza una guida, dirigerà tutti i tuoi pensieri e le tue energie su anticipazioni del futuro o su ricordi del passato.

Paure, preoccupazioni e ansie nascono da pensieri rivolti al futuro, immaginandolo come la fonte di qualcosa di negativo; se ripetute spesso, si associano a stati emotivi intensi, che poi ti impediscono di agire come vuoi.

La tristezza invece nasce da pensieri rivolti al passato. Una persona che impara a vivere sempre di più il "presente" vede diminuire notevolmente le sue paure, preoccupazioni, ansie e periodi di tristezza. L'incapacità di percepirsi nel "qui e ora" ti fa identificare sempre di più con i tuoi pensieri e una persona timida, spesso, dà troppa retta a ciò che pensa.

Il presente, definito anche come "vivere il qui e ora", o *mindfulness*, consiste nella capacità di portare tutta la propria attenzione a ciò che si sta facendo in un preciso momento. Ad esempio, se devo baciare una ragazza e inizio a pensare a tutti i motivi per cui mi potrebbe rifiutare, questo aumenta la mia ansia e le probabilità che io fallisca.

Tuttavia, se percepisco perfettamente la mia ansia ma non mi faccio "intrappolare dai pensieri", focalizzandomi su ciò che sto facendo, aumento le possibilità di ottenere un successo.

Tutte le volte che inizio a immaginare ciò che potrebbe succedere, entro in una spirale limitante che mi porta a provare delle emozioni negative che mi impediscono di esprimermi come vorrei. Invece, nella misura in cui riesco a vivere il momento, dubbi e stati d'animo limitanti non possono prendere il sopravvento su di me.

Quando devi parlare in pubblico, a una persona che non conosci o a una ragazza che ti piace, più riesci a vivere il momento presente e più riuscirai a farlo sentendoti a tuo agio.

Nella misura in cui la tua mente inizierà a pensare a tutto ciò che potrebbe accadere, aumenterà la tua ansia e ti farà sbagliare tutto. Nelle situazioni in cui ti senti tranquillo e rilassato, la tua mente non ha pensieri rivolti al futuro o al passato.

Quando parli di qualcosa che ti piace o ti appassiona, quasi sicuramente non hai difficoltà a esprimerti, perché la tua attenzione è diretta a ciò che stai dicendo. Tuttavia, quando parli di altro, potresti provare ansia perché la tua mente si concentrerà sulla paura di ciò che gli altri potrebbero dire. Questo dimostra come la tua mente, se si focalizza su ciò che fai nel presente, ti aiuta enormemente a rilassarti.

Anticipare invece con i propri pensieri tutto ciò che potrebbe andare storto, come gli errori che potresti commettere o le probabili reazioni negative delle persone, può limitarti enormemente impedendoti di fare qualcosa che in realtà non è molto difficile.

Parlare ad altre persone è una cosa semplice, se pensi che ogni giorno intratteniamo conversazioni su qualsiasi argomento, tuttavia diventa difficile se le emozioni o i pensieri prendono il sopravvento.

Focalizzarti su ciò che fai in un determinato momento costringe la tua mente a smettere di pensare al tuo passato o al tuo futuro e questo ti dona alcuni enormi vantaggi, infatti ti permette di:

- non farti limitare da pensieri negativi;
- prendere distacco da emozioni limitanti;
- gestire meglio i tuoi pensieri;
- farti sentire più tranquillo e rilassato;
- aumentare la tua capacità di concentrazione.

Dato che la timidezza è una forma di protezione, è normale che, quando si manifesta, i tuoi pensieri siano rivolti a ciò che potrebbe accaderti, in quanto tendono a farti rimanere nella tua zona di comfort.

Questo succede perché lo scopo principale della mente è la sopravvivenza e, attraverso i pensieri, tende a farti diventare conscio di tutti i possibili pericoli. Tuttavia non c'è nulla di pericoloso nel parlare a un gruppo di persone, nel fare delle battute o nel conoscere gente nuova.

Perciò questo meccanismo di difesa e protezione, per quanto perfetto, non è utile che si attivi in situazioni del tutto tranquille. Questo "dispositivo di sicurezza" viene attivato dal subconscio, in maniera automatica e meccanica, in tutte le situazioni che considera di pericolo. Il subconscio possiamo paragonarlo alla cabina di controllo dei tuoi comportamenti.

Ogni volta che il subconscio rileva alcuni precisi segnali, attiva questo meccanismo, che ti impedisce di agire come vuoi e che definiamo "timidezza". Tuttavia esiste un modo per comunicare al subconscio di non "attivare" la timidezza, e consiste nell'essere presente.

Quando vivi il "qui e ora", il tuo subconscio è come se ti lasciasse la cabina dei comandi, facendo decidere alla tua parte conscia cosa fare e cosa non fare. Nei momenti in cui sei presente, hai tu il controllo dei tuoi comportamenti, altrimenti sarebbe il subconscio che li regola in maniera automatica e meccanica. Questo concetto è fondamentale ed è utile ripeterlo sotto diversi punti di vista.

L'inconscio agisce con lo scopo principale di farti sopravvivere, allontanandoti da tutti i possibili pericoli. Per l'inconscio è fonte di pericolo qualsiasi azione nuova che intraprendi, in quanto di ciò che fai costantemente conosce i risultati e sa che non mettono in pericolo la tua sopravvivenza ma non ha la certezza che le altre azioni siano innocue. Il subconscio guarda con sospetto tutto ciò che è diverso da te e dalle tue abitudini.

Naturalmente questo sistema è perfetto per garantire la sopravvivenza, ma molto meno per raggiungere i tuoi obiettivi. Infatti, prendere la parola più spesso di certo non è una azione pericolosa che mette a repentaglio la tua vita, ma il subconscio non è razionale perché risponde principalmente alle emozioni.

Eppure esiste un modo per far sì che il subconscio non ti impedisca di intraprendere azioni nuove che possono portarti a raggiungere i tuoi obiettivi. Nelle situazioni in cui vivi il momento presente appieno comunichi un messaggio al subconscio: deve "sorvegliare" le tue azioni lasciandoti agire però come meglio credi.

Questo diventa fondamentale per raggiungere i tuoi obiettivi perché non sarai limitato da vecchi schemi di comportamento. L'ideale è quello di imparare a richiamare la presenza quando vuoi, in modo tale da essere nel "qui e ora" prima che il subconscio attivi il meccanismo di difesa e le reazioni tipiche della timidezza. Per imparare a fare questo ci vuole molta pratica, tuttavia, già dalle prime volte, potrai notare dei miglioramenti.

Per imparare a vivere il presente si inizia da piccole attività quotidiane. Per una settimana, ad esempio, ogni volta che cammini, per brevi tratti di strada, potresti focalizzarti sul portare la tua completa attenzione solo sui gesti che compi.

Devi riuscire a non farti distrarre da nessun pensiero rivolto al futuro o al passato. Tuttavia, se la tua mente inizierà a pensare ad altro, riprendi dolcemente a focalizzarti sul presente, evitando di giudicarti.

Puoi allenarti a vivere il "qui e ora" attraverso tutte le attività che compi quotidianamente: vestirti, mangiare, sederti, parlare, fare la doccia, attraversare una porta, scrivere un sms sono tutte ottime attività da utilizzare a questo scopo.

Inizialmente riuscirai a concentrare la tua attenzione solo su ciò che accade all'esterno di te stesso, poi, con la pratica, imparerai a portare la tua attenzione sia a ciò che fai all'esterno che a ciò che fai all'interno (pensieri, emozioni, respiro, ecc.).

Questa caratteristica è anche la principale differenza tra gli esercizi di meditazione e quelli di presenza: quando si medita si porta la propria attenzione a un solo oggetto, sia esso interno o esterno; invece quando si fanno gli esercizi di presenza si porta la propria attenzione sia all'interno che all'esterno di sé. Inizialmente non è facile "dividere" la propria attenzione, ma con la pratica lo si impara.

Quando riuscirai a essere presente in attività in cui sei emozionalmente tranquillo, come quando mangi o rispondi al telefono, allora potrai passare a vivere il presente in situazioni in cui sei emotivamente molto coinvolto, tipo quando parli in pubblico o parli a una ragazza che ti piace. Partire invece fin da subito con lo sofrzarti di essere nel "qui e ora" ogni volta che vivi un'esperienza emotivamente coinvolgente, risulta inutile, perché non essendoci abituato non riuscirai a gestire la situazione. Procedere per gradi, imparando prima a portare la presenza in momenti tranquilli e poi in quelli più coinvolgenti, risulta essere il modo migliore per ottenere risultati duraturi. Riuscire a mangiare, fare una doccia, parlare vivendo totalmente il presente è un risultato che si ottiene solo attraverso la pratica.

Per qualcuno potrebbe bastare qualche settimana di esercizio, per qualcun altro invece ci potrebbero volere mesi e mesi di impegno. Non abbatterti se non vedrai subito dei risultati.

Il modo migliore per iniziare a imparare a vivere il presente è quello di portare la tua completa attenzione a gesti che durano pochissimo tempo, questo ti permette di sviluppare la capacità di portare tutta la tua attenzione a un determinato gesto, per un tempo preciso.

Quando si lavora con gli esercizi per imparare a essere presenti, l'ideale è lavorare sia su gesti che durano brevissimi secondi che gesti che durano leggermente di più.

Questo approccio sviluppa la capacità di dirigere e controllare maggiormente i propri pensieri e di non sprecare energie inutili, date da uno sforzo al quale non siamo abituati. Inoltre, l'ideale è lavorare con un singolo esercizio per sette giorni consecutivi e poi passare all'altro; questo per darsi il tempo di lavorare con calma su ogni singolo esercizio.

Per svolgere al meglio ogni compito e per imparare a controllare sempre meglio il proprio pensiero, puoi ripetere mentalmente ogni gesto che fai per aumentare le possibilità che i tuoi ragionamenti non vaghino. Ipotizziamo che tu stia per scrivere un messaggio al cellulare e lo utilizzi come esercizio di presenza, allora puoi ripeterti: "sto prendendo il cellulare, sono totalmente presente, adesso percepisco la sensazione che toccare lo schermo del mio cellulare mi dà, etc... ".

Ripetere e sottolineare ciò che stai facendo ti permette di rimanere maggiormente concentrato su ciò che fai. Tuttavia questo non è un vero stato di presenza, ma per i tuoi scopi è più che sufficiente.

Infine, una delle cose più importanti da ricordarsi è che questi esercizi aumentano notevolmente la quantità di energia che hai e portano il tuo sistema nervoso a lavorare a una frequenza più alta rispetto al solito, cosa che non è abituato a fare.

Questo può portarti stanchezza, farti arrabbiare più spesso del solito o farti innervosire spesso senza motivo. Questi esercizi vanno svolti come si svolge una qualsiasi attività sportiva, alternando periodi di pratica a periodi di riposo.

Questo consiglio è utile applicarlo a qualsiasi attività che porta la mente a focalizzare la propria attenzione in maniera particolare. Perciò fai gli esercizi di presenza che trovi a fine capitolo e ricordati di alternarli a periodi di riposo totale, così se per sette giorni fai degli esercizi, per la settimana successiva non ne fai.

Con la pratica, la presenza ti dona la capacità di

prendere distacco dai tuoi pensieri e così, ogni volta che devi parlare in pubblico, approcciare una ragazza o iniziare una conversazione con una persona che non conosci, la tua mente non inizierà più a prendere il sopravvento con pensieri negativi su ciò che potrebbe accadere.

### Come prendere distacco dai pensieri
Quando avrai raggiunto una certa capacità nel portare la tua completa attenzione ai gesti che compi, potrai iniziare a dirigerla verso i tuoi pensieri. I pensieri limitanti nascono da blocchi emotivi ma, se si impara a osservarli senza identificarsi con il loro contenuto, si impara a prenderne distacco.

Ci identifichiamo con i nostri pensieri ogni volta che ne abbiamo uno e, considerandolo vero, ci comportiamo di conseguenza. Così, se i nostri pensieri sono pieni di dubbi non riusciremo a esprimerci al meglio. Bisogna imparare a gestire la propria mente in modo tale da non farsi fermare dai pensieri e agire lo stesso. Per prendere distacco dai propri pensieri bisogna imparare a osservarli.

Nella misura in cui riesci a portare la tua totale attenzione sui pensieri che hai, senza identificarti con loro, sei libero di agire come meglio credi.

I pensieri possono avere un contenuto pieno di rabbia, di paura, di insoddisfazione, di gelosia o di qualsiasi altra emozione negativa.

Tuttavia, non tutti i pensieri che hai esprimono una verità assoluta. Tutti quelli che hai rivolto al futuro, quelli che creano le tue preoccupazioni, probabilmente non sono quasi mai veri.

Infatti, non puoi prevedere il futuro con i tuoi pensieri, quindi abbandona questa "smania" di controllo. Quando stai per parlare in pubblico, quando stai per "esporti" al giudizio degli altri e i tuoi pensieri ti incitano a non fare nulla perché potresti essere deriso o giudicato, ricordati che non stanno esprimendo una cosa reale.

In quei momenti, osservali come osservi una nuvola che passa, e ripeti a te stesso: "grazie del consiglio, ma agisco lo stesso". Restare intrappolati nei propri pensieri ti impedisce di agire.

Per prenderne le distanze devi:
- ricordarti che sono solo idee e non verità assolute;
- osservarli, portando tutta la tua attenzione su di loro;
- agire, anche se i tuoi pensieri ti consigliano di non farlo.

## Ricordati che sono solo idee e non verità assolute

I tuoi pensieri, quando anticipano ciò che può succedere, non hanno la capacità di prevedere quello che realmente può accadere, quindi impara a valutarli come idee e non come verità assolute.

Quando vuoi parlare a un gruppo di persone e hai pensieri del tipo: "rideranno di me", "mi prenderanno in giro", "non riuscirò ad esprimermi al meglio", "e se poi sbaglio", ricordati che sono solo supposizioni senza fondamento.

Alle persone non interessa parlare di te e non gli importa cosa tu faccia. Sono principalmente interessati a loro stessi.

Abituati a non farti fermare dai tuoi pensieri perché non ne hanno il potere, a meno che tu non glielo conceda. Il potere di cambiare la tua vita è nelle tue mani, ma se inizierai a credere a tutti i pensieri limitanti che ti passano per la testa non utilizzerai mai il tuo potere di cambiare le cose.

Il modo migliore per far sì che tu ti ricordi che i tuoi pensieri non sono verità assolute, è imparare a portare la tua presenza su di essi, "osservandoli".

Nella misura in cui impari a osservarli, impari anche a gestirli e a prenderne distacco. Poco alla volta, devi sviluppare la capacità di osservare un pensiero senza identificarti con il suo contenuto. Per farti un esempio, quando vai al cinema e inizi a guardare un film, poco dopo ti dimentichi della sensazione che ti dà stare seduto, tutta la tua attenzione è diretta al film. In quei momenti è come se ti "identificassi" con il film, perdendo di vista tutte le sensazioni che provi.

Con i pensieri accade la stessa cosa; quando ci si concentra su uno di essi, si perde di vista tutto il resto. Quando questo accade, inizi a dare "retta" a tutto ciò che ti passa per la testa prendendolo per vero e facendoti limitare.

I tuoi pensieri non possono conoscere il futuro, quindi anche se sei convinto che le cose andranno proprio come pensi, non è detto che sia così.

La realtà è molto diversa da come una persona si aspetta. Smetti di credere a tutti i tuoi pensieri limitanti, sono solo preconcetti con una bassa possibilità di avverarsi.

Tutte le volte che hai un pensiero limitante osservalo, dopo poco passerà e ne arriverà un altro. I pensieri vanno e vengono, non c'è bisogno che intrattieni una lotta con tutto ciò che passa nella tua mente.

Lasciali passare, uno dopo l'altro. Questo ti permetterà nel tempo di gestire sempre meglio la tua mente.

**Prendere distacco dalle emozioni che ti bloccano**
Dopo aver sviluppato una certa abilità nel portare tutta la tua attenzione a ciò che fai, puoi passare al livello successivo, che consiste nello spostare il tuo focus mentale alle emozioni che provi.

Quando provi una forte emozione puoi perdere il controllo sul tuo comportamento. Ad esempio, capita quando si è arrabbiati di dire o fare alcune cose di cui poi ci rammarichiamo.

L'ansia e la paura possono impedirti di agire come vuoi, bloccandoti e paralizzandoti. Ci sono alcune azioni che vorresti compiere ma che rimandi perché la paura ti paralizza. In quei momenti attraverso i tuoi pensieri e le tue azioni puoi:

- dare energia alla paura;
- prenderne progressivamente distacco.

I modi di fare per dare energia a un'emozione sono:

- giudicarla sbagliata;
- non accettarla;
- rimandare l'azione che vorresti compiere.

I modi di fare per prendere distacco da un'emozione sono:

- accettarla;
- agire lo stesso.

Puoi agire lo stesso anche se hai paura. Puoi agire indipendentemente da preoccupazioni, dubbi, ansie e timori.

Per prendere distacco da un'emozione devi imparare ad accettarla, perché rifiutandola le dai solo energia. Quando hai paura, volerla eliminare perché la consideri sbagliata non farà altro che alimentarla ancora di più. Rifiutando le tue emozioni doni loro energia.

È una reazione istintiva quella di respingere un'emozione anziché viverla, ma ti allontana dal raggiungere la padronanza su paure e dubbi di ogni genere.

Un aspetto fondamentale per prendere un maggior controllo sulle tue emozioni consiste nell'accettarle e nell'agire lo stesso senza dar loro il potere di fermarti.

Quando devi parlare a un gruppo di persone e ti prende l'ansia, se inizi a giudicarla dicendoti: "ecco, adesso non riuscirò ad esprimermi", non farai altro che lasciarti prendere da maggiore agitazione.

Invece, se prima di parlare accetti che possa venirti l'ansia e, quando ti arriva, usi quell'energia per sottolineare maggiormente con i gesti ciò che stai dicendo, allora le altre persone potrebbero non accorgersi che eri in preda all'ansia.

La tua capacità di "osservare" le tue emozioni senza giudicarle sbagliate ti dona il potere di prenderne distacco.

Devi cambiare punto di vista rispetto alle emozioni che provi. Una persona timida, generalmente, crede che prima di agire la sua paura o la sua ansia dovrebbero sparire.

Ma non funziona così. È possibile che quelle emozioni non spariranno mai e quindi devi agire lo stesso. Pensa a una persona che fa paracadutismo: trovandosi a tanti metri di distanza dal suolo, è normale che abbia paura. Non permette però alla sua paura di fermarlo e si lancia lo stesso. La tua paura non ha il potere di fermarti, quindi impara ad agire lo stesso.

Quando provi una forte emozione, accettala e osservala. Stai lì senza giudicarla, ascoltala, prova a capire quale messaggio ha per te. Prova a individuare da dove nasce e resta in ascolto di tutte le sensazioni che ti dà.

Fare questo ti ancora al momento presente. Invece, se inizierai a giudicarla e a volerla cancellare, ti concentrerai maggiormente sui tuoi pensieri e, poiché saranno impregnati dall'emozione negativa, non riuscirai a gestirli. Nota quali gesti ti porta a compiere e quali pensieri le sono collegati.

Emozioni e pensieri sono collegati. A uno stato emotivo intenso di rabbia corrispondono dei precisi pensieri, così come a uno stato emotivo di gioia corrispondono dei precisi modi di pensare.

Per imparare a gestire le tue emozioni, ti basta portare la tua consapevolezza su di loro, accettandole e senza etichettarle come sbagliate.

Vivi le tue emozioni senza aggrapparti a esse e, se provi paura, non cercare di provare per forza coraggio. Ogni emozione è utile. Quando ti va di piangere, piangi. Quando ti va di ridere, ridi.

Quando hai voglia di piangere, on commettere l'errore di sforzarti nel vole ridere per forza. Sii più naturale, quando provi un'emozione. Inizia a osservarla senza l'intenzione di cambiarla.

L'idea secondo la quale devi essere sempre felice, coraggioso e all'altezza della situazione è un'idea totalmente sbagliata. Accetta di avere dei momenti in cui sarai coraggioso e dei momenti in cui non lo sarai.

Accetta di vivere delle situazioni in cui sarai felice

e altre in cui sarai triste. Accetta entrambe le sfumature delle tue emozioni. Altrimenti, ogni volta che provi un'emozione negativa, farai di tutto per rifiutarla e le darai ancora più energia. Questo ti porterà a volerla rifiutare con ancora più determinazione e ti ritroverai in un circolo di insoddisfazione.

### Utilizza il corpo come ancora

Prima di poter imparare a gestire meglio le proprie emozioni e i propri pensieri, bisogna riuscire a portare la nostra totale attenzione a ciò che fa il corpo in un determinato momento.

Naturalmente se una persona non riesce a portare la sua totale attenzione al proprio corpo, allora non sarà capace di portarla sui suoi pensieri e le sue emozioni, in quanto quest'ultime sono più rapide e più difficili da gestire.

Prima di poter lavorare sulle emozioni e sui pensieri per imparare a gestirli, bisogna sviluppare la capacità di portare la nostra totale attenzione a ciò che fa il corpo.

La mente pensa sempre al futuro o al passato, ma il corpo reagisce a ciò che succede nel presente. Infatti, ogni volta che la tua mente vaga su pensieri limitanti, ti basterà portare la tua attenzione su ciò che sta facendo il corpo in quei momenti per provare maggiore tranquillità.

Per gestire meglio le tue emozioni, il lavoro iniziale consiste nel non assecondare tutti quei gesti che compi quando provi un'emozione negativa. Mettiamo caso, ad esempio, che stai parlando con una ragazza che ti piace molto e il tuo nervosismo aumenta. In quei momenti, a causa dell'emozione, inizierai a sudare, con le dita "stropiccerai" il tuo vestito, ti muoverai continuamente, etc...

Puoi partire da questi gesti e iniziare a non compierli più. Per farlo devi chiaramente essere consapevole del momento in cui li metterai in atto e questo ti porterà ad essere più presente. Il tuo nervosismo e le emozioni che provi quando ti esponi al parere degli altri si manifestano in precisi movimenti del tuo corpo. Imparando a gestire il tuo corpo, puoi imparare a gestire le tue emozioni.

Prima di poter modificare un gesto, dovrai avere la capacità di renderti pienamente conto di averlo commesso, perché solitamente, preso dall'emozione, non lo noterai nemmeno.

Nella misura in cui riesci a prendere controllo del tuo corpo, puoi lavorare con più facilità su emozioni e pensieri.

Inizialmente ti renderai conto che, trattandosi di reazioni abitudinarie, le metti in atto senza averne piena consapevolezza. Il tutto è dettato dall'abitudine: sei così abituato ad agire in un determinato modo che, anche solo renderti conto di quali gesti sono collegati alla tua timidezza, potrebbe non essere semplicissimo.

Portare la tua completa attenzione al tuo corpo fa sì che la tua mente smetta di alimentare le emozioni negative che provi in quei momenti e ti permette di notare tutti i dettagli di ciò che fai.

Con la pratica, non solo impari a distinguere tutti i gesti dettati da una determinata emozione, ma anche a prenderne distacco e a non compierli più. Magari sostituendoli con altri gesti più utili.

# Riassumendo

- La mente ha la particolarità di focalizzarsi continuamente sul futuro, anticipando ciò che potrebbe accadere, oppure sul passato, ricordando ciò che è accaduto.

- Bisogna imparare a gestire e controllare la propria mente che, altrimenti, senza una guida, dirigerà tutti i tuoi pensieri e le tue energie su anticipazioni sul futuro o su ricordi del passato.

- Il modo migliore per farlo è imparare a vivere il "qui ed ora".

- Il tuo subconscio, a precisi stimoli, risponde mettendo in atto una serie di comportamenti che definiamo come "timidezza".

- Un modo per comunicare al subconscio di non "attivare" la timidezza, consiste nell'essere presente. Quando vivi il "qui ed ora" il tuo subconscio è come se ti lasciasse la cabina dei comandi, facendo decidere alla tua parte conscia cosa fare e cosa non fare.

- Allenati a portare tutta la tua attenzione su ciò che fai e ciò che provi in un determinato momento.

- Portare la tua completa attenzione a ciò che fa il tuo corpo ti permette di non farti "intrappolare" dai pensieri negativi.

- Quando rifiuti un'emozione negativa, come ansia e paura, la alimenti donandole energia;

- Osservare i pensieri ti dona la capacità di prendere distacco dai loro contenuti.

### Esercizi per il "Qui ed Ora"

Sono tutti esercizi pensati per essere svolti uno alla volta per una settimana. Quando li completi tutti puoi ripartire dall'inizio:

- Ogni volta che ti vesti o ti spogli, vivi il presente, senza farti distrarre da altri pensieri.
- Ogni volta che mangi, fallo vivendo appieno il "qui ed ora".
- Tutte le volte che fai una doccia, porta la tua consapevolezza alle sensazioni che ti dona.
- Mentre guardi un film o una trasmissione televisiva, per cinque minuti prova a ripetere mentalmente una frase a tua scelta, senza distrarti dal film.
- Tutti i giorni, alla stessa ora, vivi appieno il "qui ed ora" per cinque minuti, indipendentemente da ciò che stai facendo.
- Ogni volta che ti lavi i denti, porta la tua totale attenzione sia ai gesti che fai che alle tue sensazioni interiori.
- Ogni volta che ti siedi o ti alzi, porta la tua totale attenzione a questi gesti.
- Tutte le volte che percorri brevi tratti di strada, sforzati di rimanere totalmente presente.
- Ogni volta che ti vesti e ti spogli e tutte le volte che ti siedi e ti alzi, porta la tua attenzione a questi gesti.

- Tutte le volte che ti lavi i denti e bevi qualcosa, focalizzati sulle sensazioni che queste attività ti danno.

Ricordati sempre di alternare periodi di pratica con periodi di pausa. Quindi, per ogni settimana che utilizzi per svolgere un esercizio, usane almeno un'altra per fare una pausa da queste esercitazioni.

### Esercizi per portare l'attenzione al corpo:

- Per una settimana sforzati di eliminare una postura abituale che hai (se ad esempio accavalli sempre le gambe quando ti siedi, per una settimana imponiti di non farlo).
- Individua un gesto che ripeti spesso quando provi ansia ed eliminalo per una settimana.
- Decidi un orario e poi per cinque minuti poni la tua attenzione solo ai tuoi piedi.
- Per cinque minuti poni l'attenzione a tutto ciò che fai.
- Per dieci minuti porta la tua attenzione sia a ciò che fai sia al tuo respiro, senza modificarlo.

### Esercizi per le emozioni:

- Ogni volta che provi paura ripeti a te stesso: "agirò lo stesso".
- Ogni volta che provi ansia o emozioni negative sforzati di non giudicarle o etichettarle come sbagliate.

- Tutte le volte che provi un'emozione negativa, "osservala", portando tutta la tua attenzione su di essa.

**Esercizi per prendere distacco dai pensieri:**
- Ogni volta che hai dei pensieri negativi, ripeti a te stesso: "è solo un pensiero, non corrisponde alla verità".
- Allenati ad osservare i tuoi pensieri.

Tutte le persone timide hanno degli standard troppo elevati per se stessi. Avere dei parametri alti, alle volte, è un modo per evitare di agire. Inconsciamente ci si pone un obiettivo troppo ambizioso per non uscire dalla propria zona di comfort.

Non è assolutamente vero che devi essere perfetto, sempre sicuro di te, simpatico, all'altezza, intelligente, brillante e che se non lo sei non puoi raggiungere i tuoi obiettivi. L'unica cosa che ti impedisce di produrre più risultati è questa idea assurda che hai riguardo a come devi essere. Se in alcuni contesti sei timido potresti trovare familiare alcune di queste situazioni:

- cerchi sempre la "frase giusta" da dire;
- ricerchi l'approvazione degli altri;
- c'è qualcosa di te di cui ti vergogni;
- hai difficoltà a tenere il contatto visivo per più secondi;
- ti paragoni spesso agli altri e li consideri migliori di te;
- non ti piaci.

Analizziamoli uno alla volta.

## Come smettere di cercare sempre la frase giusta da dire

Se non sai di quale argomento parlare, è perché cerchi continuamente cose intelligenti da dire. Non è così che funziona. Anche la persona più abile al mondo nelle conversazioni, non ha sempre qualcosa di intelligente da dire e, soprattutto, sa alternare momenti di silenzio a momenti in cui parla.

È probabile che, in tutte le situazioni in cui una conversazione non si svolge naturalmente e ci sono dei momenti di silenzio, tu ti senta a disagio. I momenti di silenzio in una conversazione sono assolutamente normali. Non devi per forza parlare o avere sempre qualcosa da dire. Pensa alle conversazioni che hai con persone con cui ti senti totalmente tranquillo, ci saranno dei momenti di silenzio ma che consideri normali. Allora perché quando parli con altre persone ti sforzi di trovare sempre qualcosa da dire?

Accetta i momenti di silenzio e, quando hai qualcosa da dire, dilla naturalmente anche se non è qualcosa di estremamente intelligente. La mancanza di argomenti è determinata dalla paura dell'opinione dell'altra persona. Inconsciamente temi l'idea che il tuo interlocutore si farà di te e quindi provi a controllare la conversazione cercando argomenti intelligenti da trattare.

Nella misura in cui ti sforzi di fare bella figura,

accade proprio il contrario e cioè che risulti innaturale e potresti fare brutta figura. Quando parli con le persone con cui ti senti a tuo agio, quasi sicuramente parli di tutto senza farti troppi problemi.

Tuttavia quando parli con delle persone a cui vuoi dare una buona impressione, ti sforzi di trovare la "frase giusta" da dire. Allenati a non pensare troppo prima di parlare e dì quello che ti viene in quel momento. Andando avanti puoi sempre dirigere la conversazione su temi più interessanti.

Spesso, quando si è timidi, l'errore che si commette nelle conversazioni è quello di non ascoltare l'interlocutore, perché si è distratti dal trovare le frasi giuste da dire quando è il nostro turno di prendere la parola. Questo è un errore da non fare; quando un'altra persona parla con te, ascoltala. Falla sentire importante dandole la tua attenzione.

Naturalmente se prima di parlare devi riflettere un po', prenditi il tempo necessario, senza per questo sentirti a disagio. Quando intrattieni delle conversazioni, ascolta con attenzione ciò che il tuo interlocutore ti dice perché è da lì che avrai lo spunto per continuare.

Non c'è bisogno di non stare attento alla conversazione per trovare cosa dire, anzi è vero il contrario e cioè proprio essendo vigile a ciò che dice il tuo interlocutore puoi trovare degli spunti utili per mandare avanti il dialogo. Ascolta con attenzione e poi esprimiti senza "filtrare" troppo ciò che stai per dire.

Le persone quando parlano amano essere ascoltate. Evita di controllare ogni singola conversazione cercando sempre la cosa giusta da dire e non ascoltando per trovare frasi ad effetto. La "cosa giusta" da dire non esiste.

Quando parli a uno sconosciuto non è importante con quale frase inizi la conversazione. Nemmeno quando approcci una ragazza è molto importante cosa le dici per iniziare.

Spesso è più importante come continuare la conversazione e il modo migliore per farlo è essere tranquilli. Quando sei a tuo agio, puoi trovare diversi modi per proseguire la conversazione e il tutto scorrerà in maniera fluida e naturale. Quando invece ti senti a disagio perché sei in cerca della "frase giusta" allora avrai difficoltà anche a parlare con un bambino.

Allenati a fare il contrario di ciò che fai solitamente; invece di cercare sempre la cosa intelligente o simpatica da dire, abituati a parlare senza pensare troppo. Non perdere più tempo a "filtrare" quello che dici. Sii il più naturale possibile, come quando parli di qualcosa che ti appassiona.

## Come superare il desiderio di essere approvati dagli altri

Ricercare l'approvazione degli altri è una cosa normale, ma diventa un'abitudine da eliminare quando si trasforma in un bisogno.

Può capitarti, quando ti trovi in una situazione in cui hai gli "occhi puntati" su di te, di sentirti a disagio e questo può voler dire che ricerchi spesso l'approvazione delle altre persone. La ricerca dell'approvazione è più un desiderio, che una necessità.

Voler essere approvati è una cosa normale, ma diventa un aspetto negativo quando si trasforma in un'esigenza. Può impedirti di raggiungere i tuoi obiettivi e di realizzare te stesso, perché per qualsiasi obiettivo tu voglia realizzare dovrai affrontare una certa dose di disapprovazione.

Non devi sacrificare le tue idee e il tuo punto di vista per conformarti al parere degli altri; se lo fai, il tuo valore è nelle loro mani. Quello che ti serve nella vita è la tua approvazione, non quella degli altri.

Non potrai mai accontentare tutti, ognuno ha la sua opinione e le sue idee su come devi essere e come devi comportarti. La nostra società incoraggia la continua ricerca di approvazione, abituandoti fin da piccolo a non pensare con la tua testa.

Il miglior modo per uscire dalla ricerca di approvazione altrui è capire che la maggior parte delle persone che incontrerai nella tua vita saranno in disaccordo con te.

Quando capirai che è assolutamente normale ricevere una certa misura di disapprovazione, allora poco alla volta smetterai di volere assecondare le idee degli altri.

Renditi conto che:

- per ogni tuo pensiero esiste chi sostiene il pensiero opposto;
- per ogni tua azione esiste chi compie l'azione opposta;
- per ogni tua convinzione esiste chi possiede la convinzione opposta.

Indipendentemente da ciò che farai nella tua vita, riceverai sempre una certa dose di disapprovazione. È così che funziona. Le uniche persone che non vengono disapprovate sono quelle che non tentano mai nulla. Chi rischia e osa è colui che attira il maggior numero di critiche.

Ecco alcuni comportamenti abituali per chi ricerca continuamente l'approvazione degli altri:

- cambiare un'affermazione per renderla simile al pensiero dell'interlocutore;
- dire cose che non si pensano solo per non essere rifiutati;
- dare sempre ragione al nostro interlocutore anche se siamo convinti che stia sbagliando;
- non dire mai "no" e assecondare ogni richiesta, anche quelle che ci annoiano;
- sentirsi male quando qualcuno disapprova ciò che facciamo o diciamo;

- chiedere sempre l'opinione agli altri prima di prendere una decisione;
- quando si è in compagnia di una persona del sesso opposto, darle sempre ragione;
- chiedere scusa per ogni minima cosa.

Ci sono persone che ricercano continuamente l'attenzione degli altri e chi invece, nel trovarsi al centro dell'attenzione, si sente a disagio. Naturalmente questo non dipende dalle altre persone ma da te, e in particolare da quanto credi di valere.

Puoi sentirti a tuo agio con gli altri oppure sentirti a disagio, è una tua scelta. Le persone non sono lì per giudicarti. Quando prendi la parola e trovi gli occhi di tutti puntati su di te, hai l'opportunità per far sapere come la pensi. Il tuo parere è importante così come il tuo punto di vista.

Oltre che da una bassa autostima, il sentirti a disagio quando gli altri ti guardano può derivare dalla convinzione di dover dire qualcosa di estremamente intelligente. È vero che le tue parole possono ispirare e migliorare la vita delle altre persone, tuttavia non è sentendoti a disagio che ci riuscirai.

Una persona davvero sicura di sé, un leader, non ricerca l'approvazione degli altri ed è proprio per questo che la ottiene. Nella vita, chi ricerca continuamente il consenso altrui è colui che ne otterrà di meno, in quanto verrà percepito come un individuo senza "personalità".

Migliorando l'immagine che hai te, otterrai in maniera naturale l'approvazione degli altri. Questo non vuol dire che verrai accettato da tutti, perché ci sarà sempre qualcuno che la penserà in maniera diversa.

## Cosa fare se c'è qualcosa di te di cui ti vergogni

L'unico modo per smetterla di avere qualcosa di te di cui vergognarti è imparare ad accettarti e amare te stesso. Quando eri piccolo, ti veniva naturale accettare tutte le tue sfumature. Poi, crescendo, hai iniziato a considerare alcune parti di te come sbagliate. Vergognarsi di se stessi nasce dall'amarsi poco e dall'avere una concezione distorta di come bisognerebbe essere.

Anche se nel tuo passato puoi aver commesso errori o aver compiuto azioni di cui non vai fiero, vergognarti di te non ti porterà nessun beneficio. Imparare a perdonare se stessi per i propri errori è sicuramente un atteggiamento più utile.

Accettare se stessi non vuol dire rassegnarsi o non impegnarsi per creare i cambiamenti che si desiderano. Accettarsi vuol dire prendere consapevolezza di come si è. Accettarsi significa aver compreso che hai entrambe le sfaccettature dentro di te: sia quelle della persona sicura che quella della persona timida.

Ci saranno volte in cui il tuo comportamento sarà impeccabile e altre in cui commetterai degli errori. In alcune situazioni metterai in mostra la tua parte più sicura, in altre quella più timida.

Piangerti addosso o lamentarti per come sei non serve a nulla se non a peggiorare la situazione. Inizia a trovare i tuoi punti di forza e le tue qualità. Concentra la tua attenzione su ciò di cui puoi andar fiero.

Indipendentemente da ciò che hai fatto nel tuo passato, imparare a perdonarti può liberarti dal peso che la vergogna ti ha creato. Inoltre, devi capire che non puoi amare gli altri se tu per primo non ti ami.

Così come non puoi rispettare veramente gli altri se tu per primo non ti rispetti. Non puoi donare agli altri qualcosa che non possiedi e non hai. Nella misura in cui ti ami e ti rispetti puoi amare e rispettare gli altri.

Non devi convincere gli altri che sei degno di amore. Devi convincere te stesso. Si tratta di un'accettazione interiore che non ha nulla a che fare con l'opinione che le altre persone hanno di te. Successivamente, come effetto collaterale, anche l'idea degli altri su di te potrebbe cambiare.

Per perdonarti devi capire che stai facendo del tuo meglio. Tutto quello che hai fatto fino a oggi è dovuto alle risorse alle quali hai avuto accesso; con maggiori risorse, conoscenze e capacità ti saresti comportato in maniera diversa.

Il non accettare se stessi, in una persona timida, è sempre collegato a dei "vantaggi secondari".

I vantaggi secondari potrebbero ad esempio essere che ogni volta che parli di te stesso a qualcun altro, lui ti dica: "ma no, vai benissimo così". Questo è un modo subdolo per ricercare l'approvazione degli altri.

Impara a parlare di te stesso come se già fossi la

persona che vuoi diventare. Perdonati e impara ad accettare tutte le tue sfumature smettendo di criticarti.

Quando commetti degli errori, fermati a riflettere su cosa puoi imparare per fare meglio. Utilizza gli errori che fai non come ulteriori scuse per vergognarti ma per imparare qualcosa.

**Cosa fare se hai difficoltà a tenere il contatto visivo per più secondi**

La difficoltà nel mantenere il contatto visivo solitamente è una conseguenza dell'avere una visione di se stessi limitante. Inconsciamente è come se si valutasse l'altra persona come "migliore rispetto a noi" e quindi, di conseguenza, si tende ad abbassare lo sguardo per non sentirsi a disagio.

Naturalmente non puoi sedurre una persona che ti piace se non la guardi negli occhi. Questo modo di fare può essersi trasformato in un'abitudine ed è arrivato il momento di cambiare.

Non c'è niente in te che non va, quindi impara poco alla volta a mantenere lo sguardo sempre più a lungo, sia con le persone che conosci che con gli estranei.

Allenati a mantenere lo sguardo delle altre persone quando ascolti e quando parli, dai attenzione con i tuoi occhi a tutti i tuoi interlocutori. Le altre persone ti percepiranno come più sicuro di te se non distoglierai lo sguardo.

Mantenere lo sguardo crea un senso di fiducia e

complicità con i tuoi interlocutori. Le altre persone, soprattutto quelle che non ti conoscono, non hanno idea di quale sia il tuo valore. Dipende tutto da cosa fai percepire.

Quando ti muovi con sicurezza, guardi dritto negli occhi e compi dei movimenti decisi, susciti in chi ti vede l'idea di una persona sicura di sé. Invece, quando parli con un tono di voce troppo basso, non guardi negli occhi e ti muovi con insicurezza, susciti nelle altre persone l'idea che non stai bene con te stesso. L'idea che gli altri hanno di te deriva dalla percezione che tu hai di te stesso.

### Cosa fare se ti paragoni spesso agli altri e li consideri migliori di te

Confrontarsi con gli altri e immaginarli migliori di come in realtà sono è un comportamento tipico di chi è timido. Confrontarsi e fare paragoni è assolutamente un atteggiamento da evitare se vuoi migliorare la tua vita.

Ipotizziamo che tu decida di andare a correre, ti prepari ed esci di casa. Magari fai un po' di riscaldamento e inizi a correre; dopo dieci minuti una persona più allenata di te ti supera correndo molto più velocemente. Abituato a fare paragoni, inizierai a dirti che sei una schiappa e che ci sono persone più brave di te. Questi pensieri, se ripetuti spesso, possono portarti a sentirti inferiore agli altri.

A un'analisi più attenta, riprendendo l'esempio di

prima, può darsi che quella persona si alleni da anni o magari abbia appena iniziato e sia meno stanca. Tutte le volte che ti paragoni agli altri, dimentichi che non hanno vissuto le tue stesse esperienze, che magari sono bravi in un settore in cui tu non ti sei mai impegnato, che possono avere risorse diverse dalle tue, che probabilmente hanno frequentato persone diverse da quelle che hai frequentato tu, etc...

Ognuno ha la sua storia, i suoi talenti, i suoi difetti e le sue difficoltà. Paragonarti agli altri senza tenere conto di tutte le sfaccettature è assolutamente inutile. Inoltre se conoscerai meglio le persone che consideri più intelligenti o in gamba di te, ti posso assicurare che, nella maggior parte delle volte, non saranno così come tu le immagini.

Possono sembrarti capaci, simpatiche e intelligenti, tuttavia, se le conoscerai meglio, potrai scoprire che in realtà non hanno tutte queste qualità che attribuisci loro. Paragonarti e fare confronti ti impedisce di crescere. Paragonarsi agli altri, spesso, è solo una scusa per non agire. Inconsciamente ti trattieni dal fare le azioni che dovresti compiere con la scusa tipica: "Non sono abbastanza bravo/intelligente/competente per farlo".

Queste scuse, che ti trattengono dall'agire, devi eliminarle sul nascere, altrimenti cresceranno e si trasformeranno in dubbi e paure. Per sconfiggerle devi prendere l'abitudine ad agire. Spesso non si agisce finché non si acquisisce tutta la conoscenza necessaria, ma questo metodo porta al fallimento.

Devi agire prima di sentirti veramente pronto, anche perché è probabile che tu non ti senta mai veramente preparato per passare all'azione. Infine, qualsiasi qualità desideri avere, puoi svilupparla attraverso la pratica.

Tutte quelle capacità che vedi negli altri, se ti impegnerai potrai farle tue. Tutto il tempo e l'energia che perdi nel fare confronti puoi utilizzarli nella tua crescita e nel raggiungimento dei tuoi obiettivi.

## Quali azioni intraprendere se non ti piaci

Potresti non piacerti fisicamente e questo ti impedisce di rapportarti agli altri in maniera equilibrata. Questa percezione di non essere abbastanza belli viene alimentata ogni giorno dai mass-media, che propongono in ogni pubblicità modelli e modelle photoshoppate.

Ogni giorno ti vengono mostrate persone con fisici perfetti e definiti, solo per venderti un determinato prodotto. Questo può peggiorare la visione che hai di te stesso. Quelli legati alla bellezza sono solo degli stereotipi, che vengono inculcati a tutti fin da quando siamo piccoli.

Cresciamo con la convinzione di non essere mai abbastanza belli. La notizia positiva è che non devi cambiare nulla del tuo corpo e non c'è niente che non vada in te. Guardandoti allo specchio, se c'è qualche aspetto che vuoi migliorare per te, allora è giusto che ti impegni per migliorarlo.

Magari sei in sovrappeso o sei giovane e non hai

mai fatto attività fisica: in questo caso iscriverti in palestra o praticare un'attività sportiva non può che farti bene. Lo sport può cambiare e modellare il tuo fisico, questo ti porterà a sentirti bene con te stesso e ad apprezzare maggiormente il tuo corpo.

Decidi di piacerti per come sei senza paragonarti ad altre persone. Naturalmente se vuoi migliorare il tuo aspetto fisico è arrivato il momento di farlo e di

 non rimandare. Praticando un'attività sportiva ti sentirai meglio con te stesso, migliorerai il tuo umore, la tua autostima e potrai cambiare fisicamente.

## Riassumendo

- Una conversazione è fatta anche di silenzi e di pause, impara ad accettarli.
- Invece di pensare alla cosa giusta da dire, ascolta con attenzione il tuo interlocutore.
- Parla senza ragionare troppo, non chiederti continuamente se ciò che stai dicendo potrebbe piacere o meno al tuo interlocutore.
- Il miglior modo per uscire dalla ricerca di approvazione altrui è capire che la maggior parte delle persone che incontrerai nella tua vita saranno in disaccordo con te.
- Più vorrai fare bella figura e meno ci riuscirai;
- Impara dagli errori che commetti.
- Non criticarti o vergognarti di te, stai facendo del tuo meglio.
- Le altre persone, soprattutto quelle che non ti conoscono, non sanno se sei una persona che vale oppure no, dipende tutto da cosa fai percepire.
- Quando ti muovi con sicurezza, guardi dritto negli occhi e compi dei movimenti decisi, susciti in chi ti guarda l'idea di una persona sicura di sé.
- Invece quando parli con un tono di voce troppo basso, non guardi negli occhi e ti muovi con insicurezza, susciti nelle altre persone l'idea che non stai bene con te stesso.
- Tutte le volte che ti paragoni agli altri, dimen-

tichi che non hanno vissuto le tue stesse esperienze, che magari sono bravi in un settore in cui tu non ti sei mai impegnato, che possono avere risorse diverse dalle tue, che probabilmente hanno frequentato persone diverse da quelle che hai frequentato tu.

- Ognuno ha la sua storia, i suoi talenti, i suoi difetti e le sue difficoltà.

### Esercizi per smetterla di cercare la "frase giusta" da dire:

- Allenati a non pensare troppo prima di parlare e dì quello che ti viene spontaneo dire in quel momento.
- Ascolta attentamente il tuo interlocutore parlare, perché quello che dirà conterrà gli spunti necessari per mandare avanti la conversazione.
- Preparati uno schema con un argomento che reputi interessante ed una domanda che vorresti porre alle persone per conoscerle meglio. Quando non saprai cosa dire ti basterà parlare dell'argomento che hai precedentemente preparato oppure fare la domanda che ti sei programmato. Per introdurre l'argomento ti basterà dire: "Volevo avere la tua opinione su " o "Cosa ne pensi di". L'ideale è prepararti anche un motivo per cui glielo chiedi, perché le persone potrebbero dirti: "come mai ti interessa?". Trova un motivo semplice da dare. Per

introdurre la domanda ti basterà dire: "Stavo pensando... cosa ne pensi di..?".

**Esercizi per evitare di vivere ricercando continuamente l'approvazione degli altri:**
- Impara a dire di "no" a tutte le attività che non ti va di svolgere.
- Evita di chiedere continuamente consigli per decisioni che riguardano te.
- Accetta il fatto che troverai sempre delle persone che ti criticheranno.
- Quando vieni criticato, analizza ciò che ti è stato detto. Spesso ti vengono fornite delle idee utili per migliorarti.
- Nelle conversazioni evita di parlare raramente o solo quando vieni interpellato.

**Esercizi per smetterla di vergognarti di te stesso:**
- Per un mese, ogni volta che ti specchi, ripeti a te stesso: "Mi amo".
- Perdonati per tutti gli errori che hai commesso in passato.
- Renditi conto che stai facendo del tuo meglio nella tua vita.
- Non essere troppo severo nei tuoi confronti e trattati con rispetto.
- Apprezza tutti i piccoli miglioramenti che fai in una determinata area della tua vita.
- Per una settimana, ripeti spesso a te stesso: "Sono degno di amore".

**Esercizi per mantenere il contatto visivo
per più secondi:**

- Allenati a mantenere il contatto visivo con le persone mentre le ascolti.
- Sforzati di guardare tutte le persone e di guardarle negli occhi per almeno tre secondi, indipendentemente che tu sia a lavoro, a scuola o al supermercato.
- Sforzati di guardare le persone negli occhi per tutto il tempo in cui parli.
- Allenati a mantenere il contatto visivo per almeno cinque secondi.
- Per una settimana, ogni volta che incontri una persona del sesso opposto, guardala negli occhi fino a quando non è lei a spostare lo sguardo (svolgi questo esercizio senza sembrare una persona con cattive intenzioni, magari quando lo svolgi sorridi).
- Allenati a mantenere il contatto visivo per almeno dieci secondi.
- Sforzati di mantenere il contatto visivo con il tuo interlocutore per circa il 70% della conversazione.

**Esercizi da fare se ti paragoni spesso agli altri:**

- Individua le qualità che realmente ti piacciono nelle persone con la quale solitamente ti paragoni e creati un programma di azioni pratiche per svilupparle. Ad esempio, se la persona con la quale ti confronti è coraggiosa, creati un programma che ti costringa a fare ogni giorno qualcosa per vincere le tue paure.

- Ogni volta che ti rendi conto che stai facendo paragoni, ripeti a te stesso: "Sono semplicemente diverso, posso sviluppare tutte le qualità che voglio".
- Cogli tutte le occasioni per approfondire la tua conoscenza con le persone con la quale ti paragoni, e cerca di capire se sono effettivamente come te le immagini oppure no.

**Esercizi da svolgere se non ti piaci fisicamente:**
- Individua cosa nello specifico non ti piace di te fisicamente e, se puoi migliorare questo aspetto grazie all'attività fisica, iscriviti in palestra o pratica lo sport più adatto.
- Chiedi ad un paio di persone che conosci da tempo quali aspetti di te sono fisicamente belli.
- Individua una decina di aspetti che ti piacciono del tuo corpo.
- Compra un paio di capi di abbigliamento che mettano in mostra alcune parti di te che consideri belle o cambia il tuo look in modo da migliorare l'immagine che hai di te (se non sai a chi rivolgerti per farti aiutare ricorda che PUATraining offre un servizio professionale di consulenza Fashion & Style).
- Prima di fare una doccia, mettiti nudo davanti

lo specchio e guardandoti dì: "Ti amo" e ripetilo per pochi minuti. Se fai difficoltà a dirlo, allora allenati appena sveglio a guardarti allo specchio e a dirti: "Mi amo e mi accetto così come sono".

- Probabilmente ti capita spesso di paragonarti a dei modelli che hai visto in televisione o su qualche rivista: fai una ricerca online e trova delle foto di modelli e modelle senza modifiche fatte su Photoshop o senza trucco.

Il concetto che sta alla base della comunicazione è
questo: "È impossibile non comunicare". Ogni giorno comunichiamo i nostri stati d'animo attraverso il
nostro corpo e tramite le posture che assumiamo, anche se non ce ne rendiamo conto.

Espressioni facciali, sguardo, postura, look, etc...
sono alcuni dei canali attraverso i quali passa la nostra comunicazione. Dal modo in cui ci pettiniamo
al modo in cui ci vestiamo, comunichiamo alle altre
persone il nostro modo di vedere le cose e diamo informazioni sul nostro carattere.

Trasmettiamo dei messaggi a chi ci sta intorno
anche quando non diciamo una parola. Esistono tre
grandi tipologie di comunicazione:

- verbale: le parole, il testo, etc…
- paraverbale: la voce con tutte le sue caratteristiche;
- non-verbale: tutto quello che si fa con il corpo
  quindi gesti, postura, sguardo, etc...

È stato determinato che quando il messaggio è

congruente, e quindi tutti e tre i linguaggi vanno nella stessa direzione, il messaggio arriva in maniera chiara e non si può determinare quale linguaggio assuma più valore. Quando i tre linguaggi del corpo non sono allineati fra loro, a discapito di quanto si possa pensare, solo il 7% del significato del messaggio passa dalle parole, il 38% passa dal linguaggio paraverbale e il restante 55% è determinato dal linguaggio non-verbale.

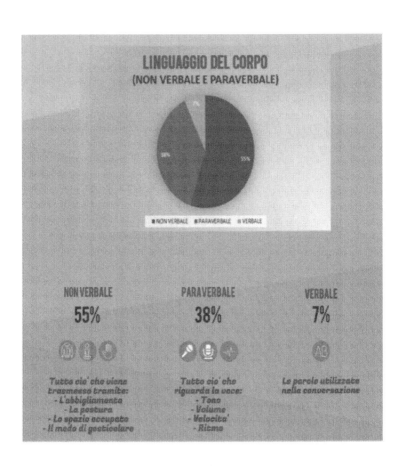

# LINGUAGGIO DEL CORPO
## (NON VERBALE E PARAVERBALE)

**NON VERBALE** — **PARAVERBALE** — **VERBALE**

| NON VERBALE | PARAVERBALE | VERBALE |
|---|---|---|
| **55%** | **38%** | **7%** |

Tutto cio' che viene trasmesso tramite:
- L'abbigliamento
- La postura
- Lo spazio occupato
- Il modo di gesticolare

Tutto cio' che riguarda la voce:
- Tono
- Volume
- Velocita'
- Ritmo

Le parole utilizzate nella conversazione

# IL LINGUAGGIO DEL CORPO DI UN BUON SEDUTTORE

Quali sono quelle caratteristiche che dovrai avere per essere sexy e affascinante ?

### POSTURA DRITTA

La postura è fondamentale, camminare a testa alta, petto in fuori e schiena dritta farà sicuramente la differenza.

Uomini con le spalle chiuse, che guardano sempre in basso dimostrano di essere timidi e insicuri.

### CONTATTO VISIVO

Un uomo dominante guarda sempre donne e uomini negli occhi, proietta sicurezza dimostrando interesse, in più dimostra di ascoltare l' interlocutore.

Non bisogna essere troppo insistente con lo sguardo, può essere interpretato come un modo per imporre la propria superiorità

### OCCUPA MOLTO SPAZIO

Non provare paura nel riempire la stanza con la tua presenza, evita assolutamente le braccia conserte o spalle chiuse, e gesticola, inconsciamente darai importanza a ciò che dici, le persone saranno soddisfatte di ascoltarti .

### SORRIDE

Il sorriso è un arma potentissima per avvicinare la gente, dimostrati socievole, metterai sicuramente a proprio agio le donne.

Il sorriso è riflesso di buon umore, alle donne non piace conoscere uomini seri tutto il tempo.

### CURA IL TUO CORPO

Iscriversi alla palestra e mettersi in forma aiuterà sicuramente la tua salute e il tuo benessere, inoltre le donne amano gli uomini muscolosi e ricchi di energia

# QUALI SEGNALI IL CORPO FEMMINILE TRASMETTE

Interpretare cosa passa per la testa di una donna non è semplice, con i segnali del suo linguaggio del corpo potrai capire esattaente come comportarti ...

**TI GUARDA E SORRIDE**
E' UN GRANDE SEGNALE DI INTERESSE FEMMINILE, FAR DIVERTIRE UNA DONNA TI DARA' UN ENORME VANTAGGIO

**TI TOCCA**
QUANDO LEI FA CONTATTO FISICO CON TE, SIGNIFICA CHE MOLTO PROBABILMENTE E' ATTRATTA, POTREBBE SEMPLICEMENTE TOCCARTI IL BRACCIO, OPPURE FARE DEL CONTATTO PIU' INTENSO

**BRACCIA INCROCIATE**
LA DONNA POTREBBE AVERE LE BRACCIA INCROCIATE, POTREBBE ESSERE IN DISAGIO, PUO' SIGNIFICARE CHE NON STA GRADENDO QUALCOSA

**SI TIRA INDIETRO I CAPELLI**
ESPONE IL COLLO, UNA PARTE DELICA, E' SICURAMENTE ATTRATTA

**GAMBE ACCAVALLATE**
E' UN SEGNALE DI INTERESSE ED E' RIVOLTO A CHI SI TROVA NELLA DIREZIONE IN CUI PUNTANO I PIEDI DELLA DONNA

QUESTI SONO SOLTANTO ALCUNI DEI SEGNALI DI INTERESSE FEMMINILE LANCIATI DA UNA DONNA ...

Il segreto per una comunicazione efficace è quello di essere congruenti, allineando nella stessa direzione tutti e tre i linguaggi. Quello che dico, il modo in cui uso la voce e come muovo il mio corpo, devono comunicare la stessa cosa. Nel momento in cui questo non avviene, l'efficacia della mia comunicazione ne risentirà.

Le caratteristiche del comunicatore efficace sono:

1. è congruo nel suo modo di comunicare, allineando il linguaggio verbale, paraverbale e non verbale nella stessa direzione;
2. ascolta con la massima attenzione;
3. si prende la responsabilità della propria comunicazione;
4. cambia il suo modo di comunicare se la risposta del suo interlocutore non è in linea con la sua intenzione.

Puoi migliorare la tua comunicazione portando congruenza nel tuo modo di esprimerti, allineando i tre livelli della comunicazione. Quando parli di qualcosa che ti appassiona, le tue parole, i tuoi gesti e la tua voce devono esprimere una sola cosa: che sei appassionato.

Quando invece parli di qualcosa che ti annoia terribilmente, le tue parole, i tuoi gesti e la tua voce devono esprimere chiaramente il tuo stato d'animo. Solitamente le persone timide tendono a non utilizzare molto il loro linguaggio del corpo per non attirare l'attenzione.

Per migliorare la tua comunicazione e diventare più sicuro di te, devi imparare poco alla volta ad allineare tutti e tre i livelli della comunicazione. Portare attenzione al modo in cui esprimi un determinato concetto, oltre a migliorare la tua comunicazione ha anche un altro beneficio.

La tua mente, concentrandosi su come devi comunicare il messaggio nel migliore dei modi, non ha il tempo di concentrare l'attenzione su ansie, preoccupazioni e dubbi. Il tuo cervello, focalizzandosi su come farti esprimere al meglio, ti darà accesso a risorse che fino a oggi hai sempre avuto ma che non hai mai sfruttato pienamente.

Allenati a supportare il significato di ciò che dici sia con i gesti che con la tua voce. Quando dici qualcosa di divertente, tutto il tuo corpo deve esprimere divertimento. Invece, quando parli di qualcosa che ti entusiasma, se con il tuo linguaggio del corpo manderai dei segnali di chiusura, la tua comunicazione ne risentirà. Crea sempre maggiore congruenza tra ciò che dici, i gesti che compi e il tono di voce che utilizzi.

## La strategia da utilizzare per usare le emozioni negative a tuo vantaggio

Puoi utilizzare le emozioni negative a tuo vantaggio per esprimerti meglio. Quando parli e provi un'emozione negativa, il tuo corpo viene inondato di energia che puoi utilizzare a tuo vantaggio.

L'emozione negativa è energia che ti circola dentro e puoi sfruttarla per enfatizzare i tuoi gesti. Indipendentemente se quando parli provi nervosismo o ansia, hai due possibilità: sfruttare l'energia in più che provi a tuo vantaggio oppure lasciare che il corpo la "scarichi" con gesti di nervosismo.

Quando parli e ti muovi con sicurezza e i tuoi gesti sono determinati, i tuoi interlocutori osservandoti crederanno che sei sicuro di te. Invece quando parli assumendo una postura da persona insicura, le persone capiranno che ti trovi a disagio.

Usa l'energia delle emozioni negative che provi quando parli per:

- enfatizzare i tuoi gesti;
- parlare con un tono di voce che si senta bene;
- migliorare la tua fisiologia;
- usare il contatto fisico con le persone che ti ascoltano;

Le persone non sanno quale emozione tu stia provando quando parli; se esiti nei movimenti e nelle parole capiranno che è il disagio. Invece, se parli e ti esprimi con gesti determinati, penseranno che sei sicuro di te.

Bisogna superare il condizionamento psicologico che ci fa credere che gesticolando diventiamo ridicoli. Dobbiamo utilizzare i gesti per esprimere meglio ciò che vogliamo dire e, così, coinvolgeremo maggiormente il nostro pubblico.

Tutta l'energia che ti dà il provare un'emozione negativa quando parli, puoi lasciare che il corpo la gestisca "scaricandola" in gesti di nervosismo oppure puoi utilizzarla per parlare con maggiore sicurezza. Istintivamente, il corpo, quando parli e sei nervoso, utilizzerebbe quell'energia dell'emozione negativa per giocherellare con le mani, incrociare le gambe e assumere una postura poco equilibrata.

Invece, con un po' di attenzione e di impegno,

puoi utilizzare quell'energia per esprimerti con maggiore determinazione, muovendoti con sicurezza e parlando con un tono di voce udibile a tutti.

Quando parli e sei in una stanza, parla con un tono di voce che sia udibile a chi si trova vicino alla parete di fronte a te. Regolando il tuo tono di voce come se stessi parlando ad una persona che si trova appoggiata al muro, di fronte a te, automaticamente tutte le persone nella stanza riusciranno ad ascoltare ciò che dici senza problemi.

## Riassumendo

- È impossibile non comunicare.
- Quando i tre linguaggi del corpo non sono allineati fra loro, a discapito di quanto si possa pensare, solo il 7% del significato del messaggio passa dalle parole, il 38% passa dal linguaggio paraverbale e il restante 55% è determinato dal linguaggio non-verbale.
- Quando i linguaggi sono allineati fra loro è molto difficile stabilire quale abbia più valore in quanto arriva un unico messaggio finale.
- Un buon comunicatore è congruo nel suo modo di comunicare e sa ascoltare.
- L'energia delle emozioni negative, che provi quando parli ad un gruppo di persone, puoi utilizzarla per enfatizzare i tuoi gesti.
- Quando parli e sei in una stanza, parla ad un tono di voce che sia udibile a chi si trova vicino alla parete di fronte a te.

### Esercizi per migliorare la tua comunicazione

- Allenati a supportare il significato di ciò che dici sia con i gesti che con la voce.
- Registrati mentre parli e cerca di fare un discorso che susciti una forte motivazione. Sforzati di essere congruo nel tuo modo di comunicare.
- Esercitati a parlare in una stanza, immaginando di spiegare qualcosa ad una persona che

si trova appoggiata alla parete di fronte a te. Regola il volume della tua voce come se stessi parlando con lui.

- Riguarda un film il cui protagonista ti piace molto ed è sicuro di sé, e analizza attentamente il suo linguaggio del corpo e il modo in cui comunica.

- Quando parli, abituati a creare del contatto fisico con le persone che ti ascoltano. Il tutto sembrerà naturale se gesticoli. Invece apparirà forzato se non gesticoli e tocchi una persona senza un apparente motivo.

Le persone timide solitamente non si spingono mai oltre la loro zona di comfort, evitando, in ogni forma e modo, qualsiasi cosa sia nuova e diversa. La nostra zona di comfort altro non è che una zona psicologica fatta di azioni e abitudini che ci fanno sentire a nostro agio.

Essendo una barriera psicologica la si può superare in modo tale da poter crescere il più possibile. Il confine della zona di comfort è delimitato dalla sensazione di disagio. Ogni volta che stai per spingerti oltre la tua zona di comfort, provi una sensazione di disagio, perché il cervello ti avvisa che, non sapendo cosa potrebbe accadere, potrebbe essere pericoloso.

La grandezza della zona di comfort è una cosa molto personale, in quanto qualcuno si sente a disagio a parlare a una platea di mille persone perché non ci è abituato e c'è chi invece si sente a suo agio nel farlo. Dipende tutto da quali sono le nostre abitudini che, con il tempo, ci bloccano sempre di più nella nostra zona di comfort.

Ogni volta che hai imparato qualcosa di nuovo o

che sei migliorato in qualche area della tua vita, hai dovuto compiere azioni che non avevi mai compiuto prima. Nella zona di comfort non c'è crescita.

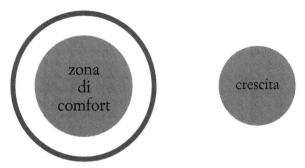

A separare la zona di comfort dalla zona in cui ci sono le opportunità è il disagio emotivo. Ogni volta che ti spingi al limite, provi una sensazione di disagio. Quando superi questo confine, alzi il limite.

Ogni volta che fai qualcosa di nuovo, espandi la zona in cui ti senti a tuo agio e in totale tranquillità. Nel non prendere mai rischi, nel non impegnarsi in attività sfidanti, si impedisce a se stessi di crescere.

Il disagio emotivo non ha il potere di fermarti, a meno che tu non glielo conceda. Il concetto che impedisce alle persone di agire nonostante il disagio è che sono convinte che quest'ultimo non debba esistere.

Non devi eliminare il disagio o la paura, ma devi imparare ad agire lo stesso. Quando la tua mente ti invita a non fare azioni che vanno oltre la tua zona di comfort ripeti a te stesso: "Agirò lo stesso".

Puoi agire anche se hai paura, ansia o se hai dei dubbi. Non permettere a delle sensazioni di fermarti e impedirti di diventare chi desideri. La sicurezza che devi sviluppare non è esteriore, ma interiore. La fiducia in se stessi consiste nel sapere che qualsiasi ostacolo ti troverai ad affrontare saprai gestirlo. Tra te e i tuoi obiettivi ci sono paure, difficoltà e dubbi. È normale che sia così ma non permettere loro di fermarti.

Non cedere il tuo potere personale alle emozioni che provi o alle situazioni esterne. Per uscire dalla zona di comfort, l'unica cosa da fare è agire. Solo l'azione costante ti permette di liberarti dai limiti psicologici in cui ti trattiene la tua zona di comfort.

## Cosa blocca l'azione

Le persone che sanno esattamente cosa dovrebbero fare ma non lo fanno, si comportano così principalmente per paura di fallire. Vogliono avere sempre successo ed evitano ogni errore come la peste. La mania della perfezione, tipica delle persone timide, le paralizza.

Chi evita di svolgere le attività nelle quali non eccelle, si abitua alla mania della perfezione, che in poco tempo lo paralizzerà. Infatti, una persona timida non accetterebbe di commettere degli errori, perché vuole avere successo e quindi non agirà fino a quando non si sentirà pronta.

Tuttavia, la vita non funziona così. Non ci si sente mai veramente pronti. E, ad aspettare il momento giusto, si potrebbe aspettare tutta la vita. Le parole che magari ripeti a te stesso sono: "Bisogna fare le cose nel migliore dei modi o è meglio non farle per niente", ma questo modo di pensare ti mette pressione e ti spinge a non agire.

Non si misura il proprio valore sulla base dei successi o dei fallimenti che otteniamo. La verità sulle persone che hanno successo, e che tra l'altro non viene mai detta, è che hanno fallito e commesso degli errori e questo li ha portati a migliorarsi. Nella nostra società si ha un'idea del successo totalmente errata. Per ottenere il successo in qualsiasi ambito bisogna fallire spesso.

Se vuoi vincere la timidezza e diventare la persona che desideri, devi agire e, nel farlo, commetterai degli errori. I tuoi fallimenti possono diventare i tuoi più grandi alleati.

Ci è stato insegnato ad attribuire valore solo al successo e a evitare il fallimento in ogni sua forma. Eppure, è impossibile raggiungere il successo senza fallire spesso.

Tutti i grandi sportivi, imprenditori, blogger, leader, musicisti, insegnanti e chiunque ha ottenuto grandi risultati lo ha fatto passando attraverso errori e sconfitte.

L'errore può essere utile solo nella misura in cui impari da esso. In questo modo ogni sbaglio fatto ti permetterà di avvicinarti al tuo obiettivo. Altrimenti si può passare tutta la propria vita sbagliando, ma senza migliorarsi minimamente.

Ogni volta che commetti un errore dovresti chiederti:

- "Cosa ho sbagliato?"
- "Cosa devo migliorare per la prossima volta?"
- "Come posso migliorare?"
- "Cosa posso imparare da questo errore?"

In natura, il fallimento non viene considerato. Non esiste nessun animale che si sente depresso e triste perché non ha raggiunto la sua preda. Sarebbe assurdo se, ad esempio, un leone smettesse di inseguire le gazzelle solo perché una volta non è riuscito a prenderne una.

Un leone non ha paura di agire, ma questo non vuol dire che, ogni volta che caccia, conquista la sua preda. Alle volte sbaglia o la preda gli sfugge, ma questo non crea nessun problema perché ritenta subito, fino a quando non porta a casa il risultato voluto.

Anche i bambini si comportano in modo simile, infatti non considerano il fallimento come definitivo. Quando un bambino vuole salire sul divano da solo, ma senza successo, riprova fino a quando non ci riesce. Non si dispera e riprova una strategia dopo l'altra.

Sarebbe assurdo se dopo il primo tentativo si dicesse: "Sono un fallito, non imparerò mai". Invece, crescendo, poco alla volta perdiamo la capacità di considerare i fallimenti come un qualcosa di naturale, e così, dopo i primi tentativi, ci arrendiamo.

Consideriamo il nostro valore solo per i risultati che otteniamo e quindi quando sbagliamo ci sentiamo a disagio. Questo modo di pensare può paralizzarti e impedirti di agire.

### La tecnica per aiutare la tua mente ad accettare il cambiamento

Alla mente umana non piace tutto ciò che è nuovo fino a quando non si assicura che non è pericoloso. Poiché fare solo ciò che ti fa sentire a tuo agio non ti permette di crescere e migliorarti, per aiutare la tua mente ad accettare il cambiamento, in alcuni casi, è utile creare un piano da seguire.

Quando vai in un negozio o in un ristorante, nel parlare con commessi e camerieri la tua timidezza non ti impedisce di esprimerti e di chiedere quello che ti serve. Invece quando ti ritrovi a parlare a una persona che non conosci, la tua timidezza ti blocca.

Il tuo apparato psico-fisico, quando vivi delle situazioni in cui sai perfettamente come andrà a finire, si sente rilassato. Nelle situazioni in cui non sai come le altre persone ti risponderanno o si comporteranno invece, la tua ansia aumenta.

Questo avviene perché la mente umana tende a catalogare qualsiasi esperienza, oggetto e persona, per capire se è pericoloso oppure no.

Un modo che puoi utilizzare per aiutare la tua mente a creare dei cambiamenti è avere un piano preciso, in modo da dargli uno schema con dei riferimenti.

L'ideale è programmare cosa fare se accadesse la

peggiore delle ipotesi possibili e crearti due piani di azioni pratiche:

- uno per evitare che il peggior scenario possibile si verifichi;
- l'altro da usare in caso il peggior scenario possibile che hai immaginato accada veramente.

Immagina quale potrebbe essere la peggiore delle cose che potrebbe accaderti se fai una determinata azione, e poi trova una soluzione per uscirne e per evitare che accada.

In questo modo, la tua mente ha già un piano in caso servisse e sa come agire. Avere un piano o seguire uno schema ti porta a essere più rilassato.

Ipotizziamo che tu voglia andare ad approcciare la ragazza che più ti piace della tua città. Quando prenderai la decisione di parlarle, la tua mente ti darà una serie di motivi per non farlo e la tua ansia aumenterà.

Immaginando qual è lo scenario peggiore che ti toccherebbe affrontare se andassi a parlarci e trovando una soluzione, la tua ansia diventerebbe più gestibile.

Qual è la cosa peggiore che ti potrebbe accadere se approcci una ragazza?

- Che lei urli.
- Che tutti ti guardino e poi ti prendano in giro.

Dopo aver individuato lo scenario peggiore che potresti dover affrontare, immagina e decidi come ti comporterai:

- se lei urla, le farò un bel sorriso e le dirò: "La mia bellezza è da urlo, lo so" e me ne andrò;
- quando tutti mi guarderanno prendendomi in giro, me ne andrò subito e dirò a me stesso: "Io ho avuto il coraggio di fare qualcosa che loro non hanno mai fatto".

Affrontare nella tua immaginazione lo scenario peggiore possibile, ti permette di capire che, qualsiasi cosa accada, te la caverai. Questo ti permetterà di ridurre i tuoi dubbi e diminuire la tua ansia.

Oltre a trovare una soluzione pratica per il peggior scenario possibile, creati un piano di azioni pratiche per ridurre al minimo le possibilità che accada. In questo esempio potrebbe essere:

- per evitare che la ragazza che approccio gridi, le faccio un bel sorriso mentre mi avvicino a lei;
- per evitare che gli altri mi prendano in giro, agirò con totale sicurezza in modo tale che, anche se andasse male, mi guarderebbero con ammirazione.

Pianificare delle azioni da fare per evitare e risolvere il peggior scenario possibile che ti viene in mente, ti permette di affrontare meglio la paura e il disagio. In questo modo prendi consapevolezza che, tutto sommato, quello che devi fare non è poi così difficile.

## Riassumendo

- La nostra zona di comfort altro non è che una zona psicologica fatta di azioni e abitudini che ci fanno sentire a nostro agio.
- Ogni volta che stai per spingerti oltre la tua zona di comfort provi una sensazione di disagio.
- Il disagio non ha il potere di fermarti a meno che tu non glielo conceda.
- Nella nostra società si ha un'idea del successo totalmente errata. Per ottenere il successo in qualsiasi ambito bisogna fallire spesso.
- Agire costantemente in direzione dei propri sogni, sbagliare e imparare da ogni errore è un approccio molto utile per raggiungere i propri obiettivi.

## Esercizi per superare la zona di comfort

- Passa un paio d'ore a svolgere un'attività in cui non sei mai stato particolarmente bravo e prova a divertirti senza pensare al risultato.
- Ogni tanto leggi un libro di un genere diverso da quello al quale sei abituato o ascolta musica diversa dal solito.
- La prossima volta che andrai ad una festa evita di parlare sempre con la stessa persona e sforzati di conoscere gente nuova.
- Prova un taglio di capelli diverso.
- La prossima volta che vai in un ristorante, in

una pizzeria o in un pub, ordina qualcosa di differente da ciò che prendi di solito;

- Percorri vie diverse dal solito per tornare a casa tua o per raggiungere il posto in cui lavori.
- Per una settimana: mentre cammini, alterna la velocità della camminata, prima più lenta e poi più veloce.
- Studia una lingua nuova o uno strumento musicale.

**Esercizi per affrontare il peggior scenario possibile**

- Valuta e decidi quale sarebbe il peggior scenario possibile da affrontare per te se agisci facendo qualcosa che solitamente non fai.
- Programma in anticipo una serie di azioni pratiche da svolgere per evitare il più possibile che questo scenario accada.
- Decidi quali azioni metterai in atto se dovessi trovarti a vivere il peggior scenario che hai immaginato.
- Sperimenta nella tua immaginazione entrambi i piani.

Socializzare è un'attività innata nell'essere umano. Per riuscire a sopravvivere e a mandare avanti la specie, gli esseri umani hanno da sempre formato gruppi e tribù per difendersi e attaccare meglio. Questo avviene perché, inconsciamente, si percepisce che nell'unirsi ad altre persone ci sono più possibilità di sopravvivere.

Anche se oggi non viviamo più divisi in tribù, abbiamo sempre bisogno di altre persone. Qualcuno ci procura il cibo, qualcun altro ci costruisce una casa, c'è chi ci dà dei vestiti e chi ci insegna a leggere. Tutta la nostra vita è collegata alle relazioni con altre persone.

Per l'essere umano è assolutamente naturale socializzare e unirsi ad altre persone. Infatti i bambini, quando si trovano in una stanza con altri bambini che non conoscono, fanno subito amicizia.

Nelle persone adulte invece questo comportamento, per quanto intrinseco nella nostra natura, è diventato sempre più difficile da attuare. Ci aspettiamo che un bambino parli e socializzi con tutti ma se è una persona adulta ad avere questo comportamento, la consideriamo strana o con "cattive intenzioni". Abbiamo semplicemente perso la capacità di conoscere persone nuove e di socializzare. La socializzazione può essere attiva o passiva.

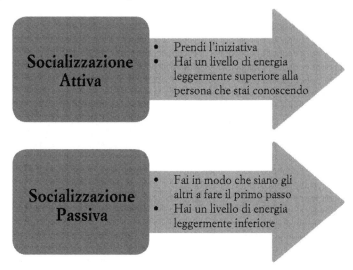

Per varie ragioni, la socializzazione attiva è più adatta a un uomo e quella passiva alla donna.

Questo naturalmente dipende anche dal contesto culturale e sociale in cui ci si trova.

Esistono paesi in cui le donne fanno tranquillamente il primo passo. In Italia attualmente, anche se ci sono delle significative differenze tra Nord e Sud, per migliorare la tua vita sociale è utile che impari a utilizzare la socializzazione attiva.

La donna può sfruttare le sue doti di seduttrice naturale, per invogliare l'uomo a socializzare con lei. Fare questo per un uomo è più difficile e implica una certa conoscenza e bravura nell'applicazione di vari principi psicologici e seduttivi.

Per socializzare attivamente con successo un uomo deve:

- guardare negli occhi;
- sorridere;
- essere sicuro e rilassato;
- parlare in maniera chiara e decisa;

Per riuscire a essere più sicuro di te quando approcci, può essere utile imitare l'identità di una persona che ammiri o di un attore che trovi particolarmente sicuro di sé. Imita i suoi gesti e prova a comportarti come lui.

Naturalmente, adattandolo al tuo stile. Trova una persona carismatica e sicura di sé che ti piace particolarmente e fingi di essere lui. Questo sistema può esserti di aiuto perché il cervello funziona per immagini e apprende per imitazione.

Nella socializzazione attiva, chi prende l'iniziativa e fa il primo passo deve avere un'energia uguale o leggermente superiore alla persona o al gruppo con cui vuole interagire.

Altrimenti se hai un'energia inferiore, ti percepiranno come di "scarso valore". Il tuo livello di energia traspare da diversi fattori: dal modo di parlare al modo in cui gesticoli e ti muovi. Ad esempio, se sei in discoteca ma ti senti stanco e decidi di uscire a prendere una boccata d'aria fresca, il tuo livello di energia è davvero basso.

Di fronte a te, c'è un gruppo di ragazze che ridono e scherzano: se vuoi andare a conoscerle l'ideale è aumentare il tuo livello di energia. Altrimenti, se vai a parlare con loro, ti daranno retta solo per pochi secondi.

Inizialmente è utile socializzare con persone e gruppi che hanno un livello medio-basso di energia. Quando il livello di energia di un gruppo è alto, tendono a creare maggiore empatia tra loro ed è più difficile che ti lascino entrare nel loro gruppo. È più difficile ma, se ci riesci, crei già una maggiore sintonia con loro.

Socializzare con persone che hanno una grande energia è più complesso, perché implica che anche tu ti senta in forma. Per calibrare il tuo livello di energia, cerca di capire che livello ha il tuo interlocutore, se è una persona timida avrà un livello più basso di una persona estroversa.

Quando vuoi socializzare con una persona, l'atteggiamento che devi avere è di volerla conoscere. Quando vai a parlare con qualcuno o con una ragazza per fare colpo su di lei, la tua ansia e la tua paura possono aumentare. Invece, se nutri la sincera idea di voler conoscere una persona nuova, ti verrà tutto più facile.

Quando vuoi conoscere una persona nuova e vedere se è interessante, il problema di non sapere come mandare avanti la conversazione non si pone. Infatti, puoi sempre farle delle domande per capire alcune cose di lei che ti interessano (ricordati di non esagerare e finire col metterla sotto processo però!). Invece, quando ti avvicini a una persona con l'intenzione di fare colpo su di lei, puoi avere più difficoltà nel trovare argomenti di conversazione.

Quando si socializza, vai a parlare a una persona per valutare se la prima impressione che ti ha fatto è confermata oppure no. Nei casi in cui è confermata, e quindi si dimostra una persona interessante, continui la conversazione virandola su temi di suo interesse e poi, da lì, sfruttando i "ganci" su qualcosa che lei ti dice, fai procedere la conversazione nella direzione che vuoi tu.

Infatti, se hai visto il video documentario de *Le Iene* su di noi, ricorderai quando lo stesso Matteo Viviani commentò che le conversazioni cambiavano in ogni interazione in base a quello che la ragazza rispondeva, ma la struttura era sempre la medesima e lo stesso per la direzione in cui andavano le conversazioni (ossia si concludevano con lo scambio di numeri / email e la promessa di rivedersi per un appuntamento). Invece, socializzare con l'intenzione di fare bella figura ti porta a vivere queste situazioni:

- proverai maggiore ansia e nervosismo nell'approccio, il che non ti permetterà di esprimere al meglio delle tue capacità;

- tenderai a mostrare tutti i tuoi pregi, risultando innaturale o addirittura un gradasso, quando invece mostrare una piccola vulnerabilità nel modo giusto non solo risulta naturale e da persona non montata ma può essere di grande aiuto a creare rapporti;
- non ascolterai con la dovuta attenzione e quindi non potrai sfruttare i "ganci" che l'interlocutore ti fornirà in risposta alle tue domande;
- avrai difficoltà a continuare la conversazione e questo ti farà arrabbiare con te stesso e renderà l'esperienza poco piacevole;
- tenderai a considerarla come interessante per te, senza nemmeno conoscerla e, spesso, non solo potresti commettere degli errori di valutazione ma lei stessa ti darà poco valore se percepisce che non la stai veramente ascoltando e qualsiasi cosa lei ti dica per te va bene solo perché è carina.

Per socializzare correttamente dovresti creare delle conversazioni allo scopo di conoscere meglio il tuo interlocutore. Poi, se diventerete amici, fidanzati o non vi vedrete mai più, questo non puoi saperlo. Almeno avrai avuto una conversazione piacevole, dalla quale magari puoi imparare qualcosa per le prossime conversazioni.

## Riassumendo

- Socializzare è un'attività intrinseca negli esseri umani.
- Esistono due modi per socializzare: lo stile attivo e quello passivo.
- In generale la socializzazione attiva è più adatta agli uomini e quella passiva alle donne.
- Nella socializzazione attiva chi prende l'iniziativa deve avere un livello di energia uguale o leggermente superiore al suo interlocutore.
- Nella socializzazione passiva va bene anche avere un livello di energia leggermente inferiore al nostro interlocutore.
- Se ti senti molto timido, inizialmente può esserti utile socializzare con persone e gruppi che hanno un livello medio-basso di energia.
- L'obiettivo della socializzazione non è fare bella figura ma conoscere una persona.

## Esercizi

- Individua una persona che ammiri o un attore che trovi particolarmente sicuro di sé. Per qualche minuto, davanti lo specchio, imita i suoi gesti e prova a comportarti come lui.
- Immagina di andare a parlare a delle persone in varie situazioni, avendo l'obiettivo di conoscerle e non di fare bella figura. Visualizzati al supermercato, in fila alle poste, al mare, in un

centro commerciale a parlare con degli sconosciuti con la sola intenzione di conoscerli.

Per vincere la timidezza, l'ideale è parlare e socializzare con chiunque. Dalle persone in fila al supermercato ai tuoi colleghi, dai tuoi amici alle persone che trovi dal parrucchiere. Anche se l'obiettivo è di fare pratica costante, ci sono due tipi di gruppi con i quali è più semplice socializzare:

- quelli con un animale o un bambino;
- le persone con un abbigliamento molto simile al tuo.

Non importa se le conversazioni che avrai con alcune persone dureranno poco, ti torneranno comunque utili. Inizia più conversazioni possibili e, quando non sai più cosa dire, puoi sempre salutare e andartene. Puoi socializzare con delle singole persone o con dei gruppi. Ci sono pro e contro.

Quando socializzi con una persona ci sono i seguenti vantaggi:
- è più semplice interrompere la conversazione se non sai come continuare;

- se è una persona del tuo stesso sesso, puoi creare empatia più facilmente.

E ci sono anche degli svantaggi:
- se è una persona del sesso opposto, si innesca della tensione sessuale;
- se la persona non è interessata, la conversazione finirà subito o devi essere bravo nel trovare qualcosa per continuarla;
- se è una persona del sesso opposto, e non sei abituato a socializzare, avrai più ansia.

Quando socializzi con un gruppo misto di due persone, la tensione sessuale e l'ansia che ne deriva diminuisce enormemente perché:
- potrebbero essere fidanzati o in procinto di fidanzarsi;
- mostrare un certo interesse può infastidire uno di loro.

Inoltre, quando ti trovi a chiacchierare con due persone, anche se una potrebbe essere poco interessata a ciò che dici, puoi comunque intrattenere l'altra. Successivamente, puoi provare a coinvolgere la persona disinteressata.

Socializzare con gruppi misti di due persone ha i suoi vantaggi per iniziare. Invece, il discorso cambia se sono due persone del sesso opposto al tuo, infatti in questi casi:

- la tua ansia aumenta enormemente;
- se una delle due ti piace, cercherai di fare colpo su di lei e, non essendoci abituato, potresti non sapere più come mandare avanti la conversazione.

Indipendentemente dal gruppo che scegli per socializzare, l'importante è che ti rivolgi al loro leader se vuoi ricevere attenzioni. Altrimenti, se inizi a parlare con la persona più timida, potrebbe aspettare per vedere come si comportano gli altri.

Ogni gruppo ha il suo leader, ti basterà osservare le persone che vuoi conoscere per pochi secondi per capire chi è. Il leader solitamente cammina davanti al gruppo, prende le decisioni, è la persona che tutti considerano importante, ha più carisma degli altri. Non è difficile individuarlo, è solo una questione di allenamento.

Dopo averlo fatto, l'ideale per socializzare con il gruppo è andare a parlare con lui. Infatti, se le persone alle quali ti stai avvicinando stanno conversando, nel momento in cui il leader si gira per scambiare qualche battuta con te, anche loro vorranno partecipare o ascoltare anche solo per semplice curiosità.

Socializzare con gruppi di tre o più persone ha il vantaggio di farti conoscere molte persone interessanti, ma la difficoltà principale è che devi avere una forte personalità per intrattenerle tutte, altrimenti, dopo pochi secondi, la conversazione sarà finita.

| | |
|---|---|
| **Socializzare con una persona** | • Vantaggio: è semplice interrompere la conversazione<br>• Svantaggio: si crea tensione sessuale |
| **Socializzare con due persone** | • Vantaggio: è più semplice creare una conversazione<br>• Svantaggio: mostrare interesse può infastidire uno di loro |
| **Socializzare con tre persone** | • Vantaggio: ti permette di conoscere molte persone<br>• Svantaggio: devi avere una forte personalità |

## Riassumendo

- Per vincere la timidezza, l'ideale è parlare e socializzare con più persone possibili.
- Ci sono dei vantaggi e degli svantaggi da valutare, sia nel parlare ad una, due o tre persone.

## Esercizi

- Vai a parlare ad una persona che non conosci (se non sai né cosa dire e né come continuare, prepararti un piccolo schema può esserti utile).
- Vai a parlare a due persone che sono in giro insieme (amici, fidanzati etc...) e conoscili.
- Vai a parlare ad un gruppetto di tre persone, sforzandoti di individuare il leader del gruppo e scambiando le prime parole proprio con lui.

Per raggiungere il successo più velocemente, è fondamentale lavorare con un team di persone che condividono lo stesso obiettivo. Le persone che lavorano insieme, raggiungono risultati più ambiziosi di quanto si possa fare singolarmente.

Un team, per formarsi, ha bisogno di due o più persone che perseguono la stessa meta. Per raggiungere dei risultati ambiziosi in tempi minori, bisogna creare un gruppo che lavori in maniera affiatata ed entusiasta. Il lavoro di squadra è alla base di tutti i grandi successi imprenditoriali, sportivi, familiari, psicologici e societari.

Cerca persone da poter inserire nel tuo team per socializzare. Ogni membro però dovrà essere in linea con i tuoi valori e con la tua visione. Le persone che faranno parte del tuo team dovranno essere disposte a mettersi in gioco e avere un atteggiamento mentale positivo. È probabile che, leggendo queste considerazioni sull'importanza di creare un team, tu stia pensando: "Non fa per me e poi dove la trovo anche una sola persona disposta a fare coppia".

Prima di rispondere alle probabili domande che ti stai ponendo su come creare il tuo team, ti elenco alcune persone che hanno beneficiato dell'unirsi a qualcun altro per raggiungere degli obiettivi in comune:

- Wilbur e Orville Wright (costruirono il primo aeroplano);
- Paul Allen e Bill Gates;
- Walt e Roy Disney;
- Michael Jordan e Phil Jackson;
- Steven Spielberg e George Lucas;
- Socrate e Platone;
- Stanlio e Ollio.

Le tue capacità possono essere valorizzate dalla creazione di un team composto da persone per cui provi ammirazione e rispetto.

Esistono quattro tipi di persone che sono utili in un gruppo:

- *I creativi*: hanno continuamente idee e sono pieni di fantasia. Amano la creatività ma spesso non mettono in pratica le loro intuizioni.
- *Gli strateghi*: amano la strategia. Stabiliscono delle priorità e amano pianificare prima di passare all'azione. Sono intraprendenti e si focalizzano sul prossimo passo da fare per raggiungere l'obiettivo.
- *Le tartarughe*: sono quelle persone che non

amano i cambiamenti e sono molto tradizionalisti. Amano analizzare ogni cosa. Non fanno mai nulla che possa essere rischioso. Nel perseguire un obiettivo procedono con calma.

- *Gli scoiattoli*: queste persone amano la logica e la cura dei dettagli. Sono molto brave nel seguire un metodo o uno schema.

Nel tuo team sarebbe l'ideale se avessi almeno una di queste persone, ma dovrai sceglierle in base alle tue caratteristiche. Dovrai unirti a persone che hanno qualità diverse dalle tue, poiché unirti a una persona simile a te non sarà d'aiuto.

Un team di due persone è bene che sia formato da un creativo e uno scoiattolo o da uno stratega e una tartaruga. Nel gruppo ci deve essere una persona che ha delle nuove idee e una che spinga all'azione.

Individua tra le persone che conosci chi potrebbe far parte del tuo team di socializzatori. Per ottenere il massimo dal tuo gruppo, devi:

- *Avere un obiettivo chiaro*: lo scopo dell'uscita e del gruppo deve essere chiaro e specifico. Così come deve essere chiaro il ruolo di ogni membro del team, questo per non rischiare che l'altra persona possa fraintendere le tue intenzioni. L'obiettivo principale è la socializzazione; tuttavia, se per ogni uscita predisponi un obiettivo specifico è meglio.
- *Inserire una persona del sesso opposto al tuo*:

una coppia mista ha più possibilità di socializzare rispetto a una coppia di soli uomini o di sole donne (anche se una coppia di sole donne ha un ovvio vantaggio, specialmente se carine, su una coppia di soli uomini).

Non sempre ti sarà possibile riuscire a creare un team con una persona del sesso opposto ma, se ci riuscirai, potrai raggiungere più risultati.

Per massimizzare i successi dovrai, dopo ogni volta che esci con il tuo team, individuare cosa si può migliorare parlandone con il tuo gruppo. Indipendentemente se otterrete o meno dei risultati, analizzare ogni singola volta cosa si può migliorare vi aiuterà a triplicarli.

## Riassumendo

- Le persone che lavorano insieme raggiungono risultati più ambiziosi di quanto possano fare singolarmente.
- Valuta quindi la possibilità di creare un team per raggiungere più risultati nella socializzazione.
- Devi unirti a persone che hanno qualità diverse dalle tue.

## Esercizio per creare il team

- Individua quali persone potrebbero far parte del tuo team e contattale spiegandogli quali risultati vuoi ottenere dalla vostra collaborazione.

Per socializzare in maniera efficace non è importante con quale frase si inizia una conversazione ma tutto quello che segue. Ci sono due modi per aprire una conversazione:

1. in maniera diretta;
2. in maniera indiretta.

Quale tipo di apertura scegliere dipende dal contesto. Quando si è alle prime armi il modo migliore è l'apertura diretta, sia in contesti continuativi che lavorativi, mentre quello indiretto in tutte le altre situazioni.

Per contesti continuativi si intendono tutte quelle situazioni in cui incontri una persona più volte, anche nello stesso giorno: può essere una ragazza che incroci spesso all'università o una persona che conosce il tuo migliore amico. Nell'apertura diretta ti presenti o dichiari subito che ti sembra una persona interessante da conoscere:

- "Ciao, mi chiamo Leonardo e, poiché ci siamo incrociati diverse volte, mi presento. Così la prossima volta che ci incontriamo sai come si chiama il ragazzo simpatico che ti sta parlando" (sorridendo).

Nello stile indiretto, invece, puoi utilizzare qualsiasi cosa per iniziare una conversazione:

- "Ciao, belle le tue scarpe. Ne cercavo un paio simile da regalare. Dove le hai comprate?"
- In discoteca: "Ciao, sembra davvero buono, che cocktail è?"

Dopo aver scambiato le prime parole esistono dieci argomenti che creano un coinvolgimento emotivo maggiore e danno l'idea al tuo interlocutore di conoscervi da diverso tempo e sono:

1. l'infanzia e i periodi spensierati di una persona;
2. i suoi sogni, i suoi progetti e i suoi obiettivi;
3. i viaggi che ha fatto o che vorrebbe fare;
4. le passioni che ha;
5. le cose che gli piacciono fare (se gli piace cucinare, suonare, ecc.) e gli hobby che ha;
6. i suoi film e serie tv preferite;
7. i risultati che ha ottenuto nella vita;
8. le piccole avventure che ha vissuto;
9. i libri che ha letto;
10. il rapporto uomo-donna e la sua opinione a riguardo.

Questi argomenti hanno come principale protagonista il tuo interlocutore. Ogni persona che conosci, inconsciamente, mentre ti presenti a lei, si sta chiedendo: "Cosa c'è di utile per me, nel conoscerti?".

Le persone sono interessate a loro stesse. Ai tuoi interlocutori non importa chi sei, a loro importa sentirsi importanti e accettati. Quando conosci una persona e la fai parlare di lei, dei suoi sogni e delle sue passioni, dei risultati che ha ottenuto o delle piccole avventure che ha vissuto, ti considererà subito come una figura amica perché sono argomenti che tratta solo con persone di cui si fida.

Per creare velocemente una connessione con una persona che non conosci, dovrai interessarti sinceramente a lei; se lo fai, si aprirà subito e avrà l'impressione di conoscerti da una vita. Tuttavia, diffidiamo tutti dalle persone appena conosciute, perché non sappiamo quali sono le loro reali intenzioni. Il modo migliore per superare le barriere del tuo interlocutore è sorridere.

Quando ridi di gusto o sorridi, le persone abbassano le loro difese. Naturalmente, dovrai utilizzare queste conoscenze per migliorare la vita delle persone che conoscerai.

Puoi utilizzare qualsiasi argomento per aprire la conversazione e poi dirigerla verso i dieci argomenti che creano maggiore empatia e coinvolgimento emotivo. Se il tutto viene eseguito con un genuino interesse nei confronti dell'altra persona, imparerai a socializzare in maniera efficace in breve tempo.

Lo schema da utilizzare per creare delle conversazioni efficaci è:

1. inizi la conversazione;
2. ascolti la risposta e la utilizzi per continuare a parlare;
3. introduci uno dei dieci argomenti empatici;
4. ascolti la risposta e la utilizzi per continuare la conversazione;
5. introduci un altro argomento che crea coinvolgimento emotivo.

A questo punto hai creato già abbastanza feeling per continuare come vuoi, ma se proprio non sai cosa dire puoi continuare con i seguenti punti:

6. fai una domanda aperta (quindi non una domanda che porta a una risposta secca del tipo sì o no);
7. introduci un altro argomento.

Questo schema, che è molto semplice da utilizzare, si basa su due comportamenti che devi attuare:

- ascoltare con attenzione;
- saper introdurre e cambiare argomento con naturalezza.

Ascoltare con attenzione è fondamentale, sia per conoscere meglio il tuo interlocutore che per sapere come mandare avanti la conversazione. La capacità di ascoltare deriva dalla voglia di conoscere profondamente l'altra persona.

Nella misura in cui ascolti e lasci parlare l'altra persona, darai l'idea al tuo interlocutore di interessarti a lui, e questo è fondamentale.

Per introdurre efficacemente un argomento puoi utilizzare le seguenti strategie:

- la tecnica del riaggancio al passato;
- la tecnica dell'intuizione.

## La tecnica del riaggancio al passato

Questa tecnica consiste nell'inserire un determinato argomento, utilizzando qualcosa che ti è successo in un passato molto recente e, poi, nel fare una domanda al tuo interlocutore sull'argomento o continuare a raccontare degli aneddoti. Per utilizzarla ti basta usare i seguenti schemi:

1. "…questo mi ricorda…";
2. " qualche giorno fa mi è capitato di ";
3. " una volta mi è successo che…".

Ecco degli esempi.

Ipotizziamo che devo introdurre l'argomento viaggi, ma sto parlando del meteo e del tempo in generale. Posso dire:

4. "Oggi fa proprio caldo. Questa temperatura *mi ricorda* quella che c'era a Malta l'anno scorso". In questo modo ho introdotto l'argomento viaggi e posso continuare la conversazione raccontando qualche aneddoto che ho vissuto oppure chiedendo all'interlocutore se è mai stato a Malta e che viaggi ha fatto o dove gli piacerebbe andare.

Ipotizziamo invece che dall'argomento meteo devo introdurre l'argomento hobby. Posso dire:

5. "Questa pioggia è davvero fastidiosa. *Qualche giorno fa mi è capitato* di andare a correre con un amico e, nel bel mezzo del nostro allenamento, ha iniziato a piovere in maniera molto forte. Amo correre e questa pioggia non mi ha fermato (sorridendo)".

In questo modo ho introdotto l'argomento hobby e posso continuare la conversazione.

Infine, ipotizziamo che sto parlando con una persona dell'argomento vestiti e abbigliamento e che voglio introdurre l'argomento infanzia. Posso dire:

"Il cappellino di quel bambino è molto simile a quello che avevo io quando ero piccolo. Una volta mi è successo che, quando avevo cinque anni...".

Puoi introdurre un nuovo argomento con molta facilità e puoi continuare la conversazione raccontando un aneddoto o facendo una domanda sul nuovo argomento al tuo interlocutore. Questa strategia è la stessa che utilizzi, senza pensarci, ogni volta che parli con una persona di cui ti fidi. Quando parli con i tuoi amici passi da un argomento all'altro con una semplice associazione.

### La tecnica dell'intuizione

Questa tecnica consiste nell'intuire una qualità o caratteristica che ha il tuo interlocutore e agganciarla all'argomento che vuoi approfondire. Per utilizzarla puoi utilizzare i seguenti schemi:

- "...secondo me...";
- "...mi dai l'idea di essere...";
- "...scommetto che...".

Ipotizziamo che stai parlando con una ragazza e che l'argomento che vuoi introdurre siano le dinamiche relazionali uomo-donna; puoi dire:

"Sei una persona molto intelligente. *Secondo me* questa qualità la utilizzi per consigliare le tue amiche su quale ragazzo è sincero con loro".

In questo modo le dai l'opportunità di continuare parlando del rapporto che ha con le sue amiche o del rapporto uomo-donna.

Ad esempio, se stai conversando con una ragazza e vuoi introdurre l'argomento libri e letteratura puoi dirle:

"Credo che tu sia una persona molto curiosa. *Scommetto che* ti piace leggere".

Come vedi da questi esempi, è molto facile introdurre un argomento.

Nell'apertura indiretta puoi commentare quello che sta succedendo in quel momento, oppure utilizzare il contesto in cui ti trovi. In quella diretta, invece, non c'è bisogno di pensare a cosa dire perché ti basta presentarti.

Quando si intrattiene una conversazione ci sono tre principali errori da evitare:

- parlare a lungo di un solo argomento;
- parlare di te continuamente;
- fare troppe domande.

Se commetterai questi errori, quasi sicuramente annoierai il tuo interlocutore. Per evitarli, devi portare la conversazione su temi più coinvolgenti.

Il problema principale per la maggior parte delle persone è rappresentato dal non sapere cosa dire per mandare avanti la conversazione. Da oggi non sarà più un problema per te, perché ti basterà utilizzare uno o più dei dieci argomenti empatici.

| Come creare una conversazione efficace | | |
|---|---|---|
| Puoi iniziare una conversazione:<br>- in modo diretto<br>- in modo indiretto | Utilizza i dieci argomenti empatici per mandare avanti la conversazione | Introduci i vari argomenti con:<br>- la tecnica del riaggancio al passato<br>- la tecnica dell'intuizione |

## Riassumendo

- Per socializzare in maniera efficace non è importante con quale frase si inizia una conversazione ma tutto quello che segue dopo.
- Esistono diversi argomenti che creano empatia, puoi utilizzarli per creare una conversazione efficace.
- Introduci i vari argomenti empatici con la tecnica del riaggancio al passato o con la tecnica dell'intuizione.

## Esercizi

- Rileggi attentamente lo schema per creare delle conversazioni efficaci che trovi in questo capitolo.
- Trova per ognuno dei dieci argomenti empatici cosa ti interessa chiedere al tuo interlocutore.
- Trova due-tre aneddoti, legati ai dieci argomenti empatici, da poter raccontare quando non sai cosa dire.
- Allenati ad utilizzare la tecnica del riaggancio e la tecnica dell'intuizione mentre dialoghi con qualcuno che conosci, ti serve per fare pratica.

Quando hai creato un certo feeling con il tuo interlocutore e stai conversando già da un po' con ottimi risultati, è il momento di chiudere la conversazione.

La chiusura della conversazione è bene farla in un momento in cui emozionalmente siete entrambi coinvolti, in cui state parlando con interesse. Questo perché:

- il tuo interlocutore non ti considererà noioso;
- hai la possibilità di prenderti un suo contatto e così potrai continuare a conoscere quella persona.

Il tuo interlocutore sarà più predisposto a fornirti i suoi contatti (numero di cellulare, contatto Facebook, etc...) se la conversazione ha raggiunto il picco emotivo.

Si convincerà che parlare con te è sempre piacevole. Il modo migliore per chiudere una conversazione è essere diretti:

- al pub: "È stato un piacere conoscerti, torno dai miei amici";
- in piazza: "Ti saluto, continuo il mio giro".

In questo modo, sei sincero e chiudi la conversazione senza dare altri spunti per continuarla.

Un modo per aumentare le possibilità che vi incontrerete ancora è quello di dichiarare quali sono i posti e i locali che frequenti.

Durante la vostra conversazione, devi semplicemente dare qualche riferimento ai luoghi che frequenti. In questo modo ottieni dei risultati ben precisi:

1. dai dei riferimenti per farti trovare;
2. aumenti notevolmente le possibilità che anche il tuo interlocutore ti dica quali posti frequenta e dove puoi trovarlo;
3. puoi invitarlo a venire con te e con i tuoi amici nei luoghi che hai elencato.

Se sei alle prime armi con la socializzazione, l'ultimo punto è utile che venga seguito alla lettera. Nell'invitare il tuo interlocutore in presenza dei tuoi amici, gli stai comunicando che quell'attività la svolgerai comunque, che non hai un disperato bisogno di frequentare persone nuove e che sei un tipo socievole.

Naturalmente se la persona ti interessa e ti piace, prima di salutarla le chiederai i suoi contatti. L'obiettivo è farti dare il suo numero di cellulare, tuttavia se prendi i suoi contatti social puoi sempre contattarla e aumentare la vostra conoscenza e la vostra fiducia reciproca.

La cosa importante quando chiedi il numero di cellulare, è il modo in cui lo fai.

È corretto usare una delle seguenti formule:

- "Scambiamoci i numeri";
- per invitarlo a una attività in particolare: "Lasciami il tuo numero, così quando vado al cinema con i miei amici ti scrivo".

La modalità da evitare è:

- "Ti lascio il mio numero così poi quando vorrai mi potrai scrivere".

L'ultima modalità è da evitare perché altrimenti lasci l'iniziativa solo all'altra persona.

Dopo che hai ottenuto un suo contatto, puoi scriverle un messaggio quando preferisci.

**N.B.** se non sai come iniziare o proseguire una conversazione via messaggio/chat una volta ottenuto il suo numero ti consiglio vivamente di dare un'occhiata al mio libro: *Dai Messaggi Al Sesso*

## Per aumentare le possibilità di rivedere il tuo interlocutore

| Durante la conversazione dai dei riferimenti per farti trovare | Vi scambiate i contatti |
|---|---|

**Riassumendo**

- L'ideale è chiudere la conversazione in un momento in cui emozionalmente siete entrambi coinvolti.
- Durante la conversazione dai dei riferimenti dei luoghi che frequenti per farti trovare.
- Quando chiedi al tuo interlocutore il suo numero di cellulare, evita di lasciargli il tuo senza prendere il suo.

Le persone molto socievoli nutrono inconsciamente almeno tre di questi cinque modi di pensare, che sono comuni a tutte le persone estroverse:

1. il mondo è pieno di persone interessanti;
2. socializzare è bello;
3. posso donare valore alle persone che conosco;
4. non rifiutano me ma il mio approccio;
5. la paura non ha il potere di fermarmi.

## Il mondo è pieno di persone interessanti

Le persone socievoli sono convinte che il mondo sia pieno di persone brillanti, intelligenti e interessanti da conoscere. Amano socializzare anche perché credono di poter conoscere persone dalle quali imparare molto. Per riuscire a nutrire questo modo di pensare il primo passo è valorizzare le persone che già conosci. Quante volte ti sei preso il tempo per imparare qualcosa dalle persone che frequenti abitualmente?

Nonni, parenti, amici, conoscenti sono tutte persone che hanno qualcosa da insegnarti se ti prendi il tempo di ascoltarli con più attenzione. Ogni persona può insegnarti qualcosa che ti può tornare utile. Ogni persona che incontri al supermercato, in libreria, al lavoro o all'università ha una storia unica e delle cose che ha imparato e che possono aiutarti.

Le persone che hanno raggiunto dei risultati sono quelle che possono contribuire a migliorarti tantissimo. Magari tra le persone che conosci ci sono degli imprenditori, degli sportivi o delle persone creative, e stai pur certo che da loro puoi imparare davvero molto.

Le persone socievoli inconsciamente credono che, in ogni luogo, c'è una piccola percentuale di persone interessanti e che è loro compito trovarle e conoscerle. Le persone timide solitamente non pensano che le persone attorno a loro possano essere interessanti e intelligenti, e per questo perdono diverse opportunità.

### Socializzare è bello

Per tutte le persone socievoli, conoscere gente nuova è un'attività piacevole. La utilizzano per imparare qualcosa di nuovo, per passare il tempo, per frequentare persone con il loro stesso interesse e per divertirsi. Per chi si considera timido invece, socializzare è un'attività che mette solo a disagio.

Per nutrire l'idea che socializzare è bello devi crearti dei riferimenti che questa convinzione sia vera. Il modo migliore per farlo è utilizzare al meglio i tuoi "tempi morti". Tutte quelle occasioni in cui normalmente non hai niente da fare puoi sfruttarle per socializzare.

Le tipiche occasioni sono:

- quando sei in treno o in aereo;
- quando sei alla fermata del bus;
- quando ti trovi in una via principale della città.

Puoi sfruttare qualsiasi occasione per socializzare e, più lo farai, più ti convincerai che è un'attività spesso utile e divertente.

## Posso donare valore alle persone che conosco

Le persone timide difficilmente pensano al fatto che, conoscere nuove persone, gli permette di portare valore nella vita degli altri. Le tue qualità e abilità possono apportare un enorme valore alla vita delle nuove persone con cui verrai in contatto.

Ci sono cose che conosci bene e che le altre persone non sanno. Socializzando hai l'opportunità di essere utile alle altre persone. Potresti conoscere tanta gente e renderti conto che sei stato utile ad ognuno di loro.

La prossima volta che non sai se iniziare una conversazione con uno sconosciuto, ricordati che quello che gli dirai potrebbe migliorargli enormemente la giornata. Questo poi avrà un impatto sulle persone che frequenterà. È un circolo virtuoso.

Tu migliori l'umore del tuo interlocutore e lui migliorerà quello delle persone che incontrerà subito dopo, che miglioreranno l'umore delle altre persone che incontreranno, e così via. Puoi essere il creatore di un circolo virtuoso che condizionerà positivamente la vita di tantissime persone.

### Non rifiutano me, ma il mio approccio

Inconsciamente le persone timide credono che, se vengono rifiutate durante un approccio, vengono rifiutate come persone. In realtà non è così. Qualcuno che rifiuta il tuo approccio, sta rifiutando il modo in cui hai interagito con lui, non te come persona, perché non ti conosce affatto.

Le persone estroverse non si lasciano fermare dai rifiuti. Le cause di un approccio finito "male" possono essere diverse ma non sono mai riconducibili a te come persona. Perciò non c'è bisogno che la prendi sul personale, valuta invece se hai sbagliato qualcosa nel modo di approcciarti.

### La paura non ha il potere di fermarmi

Le persone socievoli sanno bene che la paura del rifiuto è solo una sensazione che non ha il potere di fermarle. Puoi farti bloccare dalle tue sensazioni oppure agire lo stesso.

Quando vuoi conoscere una nuova persona e provi delle emozioni di disagio o di ansia, sappi che quelle sensazioni non hanno il potere di bloccarti a meno che tu non glielo conceda.

La paura di non piacere e di fallire è come un piccolo mostriciattolo che ogni volta che accetti di non agire stai nutrendo. Quindi stai facendo crescere il mostriciattolo che si opporrà, la prossima volta, con ancora più energia. Anche se sarebbe utile uccidere il mostro finché è piccolo, puoi farlo anche quando sarà cresciuto, alimentando azioni diverse.

.

## Riassumendo

Le persone socievoli sono convinte che:

- il mondo è pieno di persone interessanti;
- socializzare è bello;
- possono donare valore alle persone che conoscono;
- se vengono rifiutate è per motivi non legati a loro come persone;
- la paura non ha il potere di fermarle.

# CHI È UN MASCHIO ALFA

Finora ti ho spiegato come superare la timidezza e come fare per avere delle basi solide per socializzare. Ora invece ti spiego tutte le strategie e i modi di pensare di un vero maschio alfa.

Prima però voglio rispondere a una domanda che probabilmente ti stai facendo:" Ma chi è un maschio alfa?".

Un maschio alfa è un uomo sicuro di sé che vive seguendo dei valori ben precisi.

Ha una *mission* che vuole realizzare e si impegna totalmente per raggiungere i suoi sogni.

Crede in se stesso e nelle sue idee, anche se gli capita spesso di avere dei dubbi come tutti gli esseri umani. Solo che, a differenza degli altri, non permette alla sua insicurezza di fermarlo.

Un maschio alfa ha delle paure che coraggiosamente affronta. Riconosce di non essere perfetto, per questo si impegna ogni giorno per migliorare.

È una persona che si prende le sue responsabilità e, se qualcosa nella sua vita non gli piace, la cambia.

Non cerca scuse o alibi, fa quello che deve fare senza addossare la sua responsabilità agli altri.

Si distingue per diversi motivi, il primo è che pensa con la sua testa. Guida gli altri e non ama uniformarsi. Segue il suo istinto.

Non ricerca l'approvazione degli altri, ma la ottiene perché se la merita. Fa valere le sue idee e la sua opinione. Ama la compagnia delle altre persone ma sa stare bene anche da solo, perché ha curato il rapporto che ha con se stesso.

Non ama lamentarsi e alla teoria preferisce la pratica. È una persona con molto carisma e guida gli altri con l'esempio. Desidera vivere alle sue condizioni e non accetta regole o schemi che non gli permettono di essere se stesso.

Conosce i suoi difetti e i suoi pregi. Si considera capace di realizzare i suoi obiettivi. Con le donne non cerca la loro approvazione, non le mette su un "piedistallo" e non le considera superiori. Può parlare con la donna più bella del mondo con disinvoltura perché è consapevole del proprio valore.

Non cerca di impressionare le donne comprando loro regali costosi, mettendo in mostra i suoi trofei o facendo il "gradasso". Non ha bisogno di comportarsi così perché seduce in maniera naturale grazie alla fiducia che ha in se stesso, alla sua leadership e alla sua mentalità vincente.

Gli altri uomini lo seguono perché riconoscono in lui le capacità del leader, le donne lo desiderano perché inconsciamente percepiscono che i suoi geni (del DNA) sono più favorevoli alla sopravvivenza.

È un uomo che ha le idee precise su cosa vuole dalla sua vita e lotta per ottenerlo. Ha alti standard per se stesso e continuamente si spinge fuori dalla sua zona di comfort. È capace di ispirare le persone e di incoraggiarle. Ama la vita e sorride spesso. Nei periodi di difficoltà non si lascia abbattere e se cade si rialza.

**Esistono delle caratteristiche tipiche in un maschio alfa che ti permettono di distinguerlo con più facilità:**

- Ha degli obiettivi precisi che vuole raggiungere nella sua vita.
- Ha dei valori e delle idee in cui crede.
- Crede in se stesso e nella sua capacità di raggiungere i suoi obiettivi.
- Quando conosce delle persone che hanno successo, le ammira e vuole sapere come sono riuscite a realizzare grandi imprese.
- Conosce il proprio valore.
- Guida le altre persone.
- Gli piace essere al centro dell'attenzione ma non cerca di esserlo a tutti i costi.
- Ispira le altre persone e le incoraggia.
- Desidera vivere la vita alle sue condizioni e con le sue regole.
- Pretende il massimo da se stesso.
- Si impegna per migliorare continuamente.
- Non cerca scuse o alibi, nella sua vita si prende al 100% le responsabilità.

- Ama le donne ma non le considera superiori e non fa di tutto per impressionarle, interagisce con loro consapevole del proprio valore.
- Prende decisioni in maniera veloce.
- Pensa con la sua testa.

Volendo dare una definizione, quindi il maschio alfa è: "L'uomo che occupa il gradino sociale più alto, rispetto al gruppo di persone in cui si trova. Per questo motivo ha accesso a opportunità che gli altri non hanno. Viene associato alla figura del leader."

## Come mettere il turbo alla tua sicurezza e diventare un Maschio Alfa

Tutti i maschi alfa hanno determinate caratteristiche. Prendi nota di quelle che già possiedi e impegnati per sviluppare quelle che ancora non hai:

- inseguono i propri sogni;
- hanno dei valori e delle idee in cui credono;
- si prendono la responsabilità dei risultati che ottengono;
- sono immuni dall'approvazione degli altri;
- sanno gestire i propri pensieri e le proprie emozioni in maniera più consapevole rispetto alle altre persone;
- agiscono costantemente per raggiungere i loro obiettivi;
- lavorano costantemente su sé stessi per migliorare;
- hanno carisma;

- affrontano le loro paure;
- hanno delle abitudini potenzianti;
- guidano con l'esempio;
- si spingono al dì fuori della loro zona di comfort.

Per mettere il turbo alla sicurezza in te stesso dovrai lavorare su tre caratteristiche in particolare:
1. imparare a gestire i tuoi pensieri e le tue emozioni in maniera superiore alla massa;
2. aumentare il tuo carisma;
3. crearti delle abitudini e delle routine che ti facciano sentire sicuro di te.

Per imparare a gestire i tuoi pensieri e le tue emozioni puoi utilizzare il potere dell'autodisciplina.

### L'autodisciplina e il controllo di se stessi

Nella nostra cultura alla parola disciplina abbiamo associato delle emozioni negative e crediamo che sia inutile per raggiungere i nostri obiettivi. Tuttavia, solo una persona disciplinata raggiunge i traguardi più importanti.

Nel 1972 lo psicologo Walter Mischel ideò uno degli esperimenti psicologici e sociali più famosi di sempre. Questo esperimento mostra l'importanza della disciplina nel raggiungimento dei propri obiettivi. Il ricercatore sottopose un gruppo di bambini a compiere una scelta. Ogni bambino entrava in una stanza, arredata solo con una sedia e un tavolo con un vassoio contenente un marshmallow. Lo psicologo chiedeva al bambino se volesse mangiare subito il dolcetto, altrimenti, se avesse resistito fino al suo ritorno, ne avrebbe ricevuto un altro.

Mischel usciva dalla stanza e rientrava dopo quindici minuti. Le telecamere all'interno della stanza riprendevano i comportamenti dei bambini: alcuni di loro mangiavano subito il marshmallow, altri aspettavano qualche minuto ma poi cedevano alla tentazione. Solo il 30% resistette per quindici minuti e ne ricevette un altro, come premio per aver vinto la tentazione.

Walter e i suoi collaboratori seguirono negli anni successivi i protagonisti di questo esperimento fino all'età di trent'anni, analizzandone i risultati scolastici e lavorativi. Quello che scoprirono fu che i bambini che erano riusciti a vincere la tentazione, crescendo, ottennero risultati scolastici e professionali superiori agli altri. Quindi esiste una correlazione tra autocontrollo e risultati che si raggiungono.

Negli anni questo esperimento è stato riprovato diverse volte e con diverse varianti, tuttavia i risultati sono stati sempre gli stessi: chi riesce a vincere le tentazioni e a rimandare il più possibile la gratificazione istantanea, riesce a raggiungere più risultati nella propria vita.

La zona del cervello predisposta all'autocontrollo e alla forza di volontà è la corteccia prefrontale. Il potere della corteccia prefrontale non è un diritto che acquisisci con la nascita ma va sviluppato affinché cresca.

La capacità di gestire sé stessi è un'abilità latente che deve essere sviluppata. Inoltre, la corteccia prefrontale si "spegne" nelle situazioni di forte stress.

Quando vuoi conoscere una persona nuova e provi ansia, quando ti trovi a pochi centimetri dalla ragazza che ti piace ed hai paura, quando stai inseguendo i tuoi sogni ed hai dei dubbi, nella misura in cui sai gestire te stesso, il tuo corpo, i tuoi pensieri e le tue emozioni puoi agire nonostante le emozioni negative che provi in quel momento e puoi ottenere più risultati nella tua vita.

Gli sportivi estremi ad esempio possiedono una capacità di gestire se stessi maggiore rispetto agli atleti tradizionali e per questo sono capaci di compiere imprese straordinarie.

Tutte le volte che vuoi affrontare una paura, baciare una ragazza che si trova a pochi metri da te, superare un tuo limite puoi farlo solo nella misura in cui sai gestire i tuoi pensieri e le tue emozioni. Ipotizziamo che devi parlare in pubblico davanti a un migliaio di persone: questo può metterti a disagio, tuttavia se sai gestire le tue emozioni agisci lo stesso anche se provi paura.

La disciplina viene divisa in tre fasi: fisica, emotiva e mentale.

Una persona che si sottopone ad un programma di disciplina può triplicare i risultati che ottiene. La disciplina non ti permette solo di vincere la timidezza ma ti aiuta nel diventare un maschio alfa davvero sicuro di sé.

La disciplina fisica ti permette di sviluppare una maggiore forza di volontà. Mentre la disciplina emotiva e quella mentale ti permettono di sviluppare rispettivamente: una maggiore capacità di gestire le tue emozioni e di gestire i tuoi pensieri.

La disciplina fisica si basa sulla capacità di gestire il proprio corpo in tutte le situazioni, da quelle in cui sei rilassato a quelle in cui ti senti nervoso. Normalmente succede che una persona più prova forti emozioni e meno riesce a gestire se stesso.

Chiaramente se non riesci a gestire il tuo corpo, non puoi gestire efficacemente le tue emozioni o i tuoi pensieri che sono più difficili da controllare. Una persona che non riesce a resistere alla tentazione di mangiare un dolcetto non può superare le sue paure.

Impara prima a resistere alle tentazioni fisiche e poi potrai lavorare sulla gestione delle emozioni.

### Disciplina fisica
La gestione del corpo fisico passa dal superare al-

cune sfide in maniera graduale e da alcune linee guida da seguire. Nello specifico, per aumentare il controllo che hai sul tuo corpo ci sono quattro principi da applicare costantemente:

1. fare attività fisica regolarmente (magari praticare un'arte marziale);
2. superare i tuoi limiti fisici;
3. mangiare in maniera sana;
4. svolgere gli esercizi di gestione del corpo.

Mentre delle prime tre attività hai già sentito parlare spesso, per quanto riguarda gli esercizi di gestione del corpo può darsi che tu non li conosca. Ecco un programma con 3 mesi di esercizi da utilizzare:

| Settimane | Esercizi |
| --- | --- |
| Prima Settimana | Non grattarti anche se il prurito è forte |
| Seconda Settimana | Elimina una tua postura abituale |
| Terza Settimana | Fai almeno 3 docce fredde |
| Quarta Settimana | Rilassa più volte che puoi la fronte, la mandibola e i muscoli trapezi (delle spalle) |
| Prima settimana (secondo mese) | Fai un giorno di digiuno dal cibo. Puoi bere ciò che vuoi |

| | |
|---|---|
| Seconda settimana | Non sbadigliare (trattieni lo sbadiglio) e svegliati un'ora prima del solito per tutta la settimana |
| Terza Settimana | Controlla la velocità con la quale parli, sforzandoti di parlare più lentamente |
| Quarta settimana | Sfida un tuo limite fisico |
| Prima settimana (Terzo Mese) | Sforzati di correre più chilometri possibile in un solo giorno di questa settimana |
| Seconda settimana | Per sette giorni elimina una tua abitudine negativa (ad esempio fumare, bere, mangiarti le unghie) |
| Terza settimana | Ogni volta che pranzi, fallo con la mano debole |
| Quarta settimana | Allenati per correre dieci chilometri in più rispetto al tuo record personale |

Questi esercizi servono per aumentare la tua forza di volontà e la gestione del tuo corpo. Inoltre, dopo averli eseguiti, la tua autostima salirà alle stelle perché ti renderai conto che sei capace di fare cose che non credevi di poter fare (ad esempio un giorno intero di digiuno dal cibo). Questi esercizi si dividono in tre modalità:

1. esercizi di rilassamento;
2. esercizi in cui superi i tuoi limiti;
3. esercizi di autocontrollo.

Gli esercizi di rilassamento servono a ridurre le

tensioni presenti nel tuo corpo e nel portare l'attenzione a diverse zone del tuo fisico. Gli esercizi in cui superi i tuoi limiti (ad esempio quello di correre dieci chilometri in più rispetto al tuo record personale) servono per sviluppare la forza di volontà. Infine, gli esercizi di autocontrollo servono per aumentare la tua capacità di vincere le tentazioni e sono la base sulla quale si poggiano gli esercizi per la disciplina emotiva. Solo dopo aver ottenuto una buona capacità di svolgere questi esercizi si può passare a quelli successivi legati alla gestione delle emozioni.

### La Disciplina Emotiva

La disciplina emotiva che serve per diventare un maschio alfa è legata alla capacità di accettare un'emozione negativa e non farsi fermare da essa. Solitamente, quando provi un'emozione negativa la vivi in uno stato di rifiuto. Non la vuoi e cerchi di eliminarla. In questo modo non fai altro che alimentarla.

Quando parli ad un gruppo di persone e provi ansia, se rifiuti l'emozione negativa volendola eliminare, non fai altro che alimentarla e renderla più forte. Rifiutare un'emozione e considerarla sbagliata sono i modi più rapidi per darle vigore.

Le emozioni vanno vissute in uno stato di accettazione. Rifiutare l'ansia, la paura, il nervosismo e il disagio che puoi provare nel fare qualcosa alla quale non sei abituato, nutre queste emozioni che invece vanno vissute in uno stato di accettazione.

Ecco 4 settimane di esercizi sulla disciplina emotiva:

| Settimane | Esercizi |
|-----------|----------|
| Prima Settimana | Ogni volta che provi dolore (sia fisico che emotivo) in questa settimana, accettalo e osservalo. Resta con il dolore. Non vuol dire non cercare un rimedio ma semplicemente porta la tua completa attenzione a quel dolore |
| Seconda Settimana | Per tutta la settimana tieni un diario dove scrivi quali sono le emozioni che provi più spesso e cosa ti crea queste reazioni. Analizza cosa ti fa arrabbiare, cosa ti infastidisce, cosa ti eccita, cosa ti fa provare gioia etc... |
| Terza Settimana | Scegli l'emozione negativa che provi più spesso e per una settimana, ogni volta che la stai per esprimere, rimanda la tua reazione il più possibile |
| Quarta Settimana (esercizio che puoi prolungare per più settimane) | Scegli un'emozione negativa e poi, per tutta la settimana, ogni volta che la provi non esprimerla all'esterno attraverso le parole e le azioni |

Questi esercizi servono per imparare a gestire le tue emozioni. Si dividono in tre tipi:
1. esercizi per accettare le emozioni;
2. esercizi per prendere "distacco da un'emozione";
3. esercizi per gestire un'emozione.

Il primo esercizio serve per insegnarti a vivere le emozioni accettandole senza rifiutarle. Il secondo esercizio serve per farti conoscere meglio te stesso e per darti la capacità di prendere un po' di distacco dalle emozioni che provi.

Ripetere spesso questo esercizio (quello della seconda settimana) ti permette, nel tempo, di imparare ad agire anche se provi una forte emozione negativa. Il terzo e il quarto esercizio servono per aiutarti a gestire un'emozione negativa, in modo tale da utilizzare l'energia che provi in quei momenti per scopi più utili.

## Disciplina Mentale

La disciplina mentale serve per darti un maggior controllo sui tuoi pensieri. I grandi leader e i maschi alfa hanno un controllo maggiore sulla loro mente rispetto ad una persona normale perché hanno preso la ferma decisione di vivere una vita in cui realizzare i loro sogni.

Le persone che si impegnano costantemente per realizzare i loro sogni sono costrette a superare le proprie paure e migliorano più velocemente di chi invece non agisce.

Ecco degli esercizi da utilizzare per due mesi:

| Settimane | Esercizi |
|---|---|
| Prima Settimana | Allenati a ripetere una frase a tua scelta per 5 minuti. L'ideale è che la frase sia breve. |
| Seconda Settimana | Mentre guardi un film o una trasmissione televisiva, per 5 minuti, sforzati di ripetere una frase breve ma senza distrarti dal film. |
| Terza Settimana | Non lamentarti |
| Quarta Settimana | Appena sveglio e durante un solo giorno della settimana, ripeti spesso a te stesso: "Sono il responsabile dei miei successi" |
| Prima Settimana (del secondo mese) | Per 7 giorni, durante le tue conversazioni, non usare più la parola "io" |
| Seconda Settimana | Osserva una stanza di casa tua e poi, chiudendo gli occhi, sforzati di riprodurla mentalmente. |
| Terza Settimana | Sforzati di non giudicare e di non "parlare male" di nessuno. |
| Quarta Settimana | Ripeti spesso a te stesso, durante un solo giorno della settimana: "Sono il responsabile dei miei successi e dei miei fallimenti". Non puntare il dito contro nessuno per la situazione in cui si trova la tua vita. |

Questi esercizi servono per aumentare il controllo che hai sulla tua mente. Si dividono in tre tipi di esercizi:

1. esercizi per aumentare il controllo dei tuoi pensieri;
2. esercizi per aumentare il tuo livello di responsabilità;
3. esercizi per vincere l'abitudine di incolpare qualcuno e cedergli il tuo potere di cambiare la situazione in cui ti trovi.

La prima tipologia di esercizi è utile soprattutto se hai spesso pensieri limitanti. La seconda tipologia di esercizi è essenziale per aumentare la tua leadership, mentre la terza tipologia è fondamentale se accusi spesso gli altri per i risultati che ottieni.

### Come aumentare il tuo carisma

I veri leader e i maschi alfa sono allergici all'approvazione degli altri. Non agiscono per essere accettati ma per seguire una visione che li appassiona. Hanno un forte carisma con il quale guidano gruppi di persone.

Indipendentemente dalla quantità di carisma che hai, esistono delle strategie per aumentarlo e sono:

1. guidare con l'esempio;
2. non cercare l'approvazione altrui.

### Guida con l'esempio

I maschi alfa vengono seguiti perché sono credibili in quanto fanno ciò che dicono. Puoi aumentare il tuo livello di leadership mantenendo le promesse che fai e guidando con l'esempio. Per tutti è difficile seguire, ascoltare qualcuno che non fa ciò che dice.

Le persone che più ci ispirano nella nostra vita sono quelle che ci guidano con l'esempio. Pensa: quanta credibilità potrebbe avere un personal trainer molto grasso? O, peggio ancora, un insegnante di danza che non sa ballare? Eppure, alle volte, vorremmo essere dei maschi alfa che tutti seguono ma senza fare tutto ciò che è necessario per guadagnarci il rispetto degli altri.

Un vero leader non chiede il rispetto degli altri, ma l'ottiene come naturale conseguenza della persona che è diventata. Non puoi chiedere al tuo gruppo di amici o alle donne che conosci di considerarti un maschio alfa. Loro ti considereranno tale se lo diventi veramente.

Guidare con l'esempio non è sempre comodo e facile da fare. Spesso risulta difficile e fastidioso. Da oggi in poi, decidi per primo di essere la persona che mette in atto ciò che dice. Nel far seguire l'azione alle proprie parole c'è una forza trainante che gli altri, consciamente o inconsciamente, percepiscono.

Nella persona che invece non guida con l'esempio non c'è energia. Certo, gli altri potrebbero seguirlo ugualmente, ma solo perché costretti. La tua capacità di guidare con l'esempio è strettamente collegata al livello di responsabilità che ti prendi nella vita: maggiore è il livello di responsabilità di cui ti fai carico e sono le azioni che fai, perché senti di doverti impegnare per realizzare i tuoi obiettivi.

Un maschio alfa decide per il gruppo. Nel fare questo, potrebbe commettere errori di valutazione, ma sa di ritenersi responsabile delle proprie scelte. Da questo momento ricorda: ogni volta che fai una promessa o affermi qualcosa, devi rispettare la parola data. Questo non sarà sempre facile da fare, ma ti costringerà a riflettere, anche maggiormente, su ciò che dirai.

Non puoi diventare un mascio alfa se non fai ciò che dici. Puoi aumentare la tua leadership mantenendo le promesse.

Spesso prendiamo impegni che sappiamo di non poter mantenere, e nel fare questo perdiamo autostima. La stima che hai di te stesso, aumenta tutte le volte che rispetti ciò che dici e diminuisce tutte le volte che non lo fai.

La capacità di guidare gli altri con l'esempio è anche legata al saper prendere le decisioni in maniera efficace. Un maschio alfa prende le decisioni velocemente e le cambia molto difficilmente. Si adegua alla scelta presa anche se non è sempre facile da seguire.

Per prendere una decisione in maniera veloce, un maschio alfa conosce i suoi valori e i suoi obiettivi. Prende le decisioni in virtù delle mete che vuole raggiungere. Quando non sa cosa scegliere si chiede: "Quali tra queste opzioni si avvicina di più al mio obiettivo o alla persona che vorrei diventare?". Quando la decisione coinvolge il gruppo può domandare a se stesso: "Cosa devo scegliere per il maggior beneficio di tutto il mio gruppo".

Il maschio alfa percepisce il gruppo nel quale agisce come il "suo" ( non in maniera possessiva ma in maniera responsabile) e sente sia suo dovere dare il massimo per le persone che lo seguono.

Non considera il gruppo come un'entità dalla quale guadagnare solamente qualcosa, ma anche un luogo in cui mettere al servizio di tutti le proprie capacità.

Un'altra caratteristica legata alle persone che guidano con l'esempio è che ragionano con la propria testa e non accettano di fare qualcosa solo perché è stata detta da un'altra persona. Sono curiose e vogliono trovare il loro modo di compiere una determinata azione.

Il maschio alfa si pone domande, cerca di capire sempre meglio come potersi migliorare, esperimenta percorsi nuovi e alternativi. Non ama seguire dei principi e dei valori che non sono in linea con quelli che la massa segue. I maschi beta invece accettano di seguire chiunque e non ragionano con la loro testa. Preferiscono seguire qualcuno anche se sanno che sta palesemente sbagliando piuttosto che iniziare a guidare il gruppo.

Il maschio alfa non guida gli altri perché ciò gli piace in maniera particolare. È una conseguenza naturale della persona che è diventata. Attraverso le sue idee, per certi aspetti rivoluzionarie, e attraverso l'impegno si è conquistato il rispetto degli altri. Per questo motivo un maschio alfa non ha bisogno di imporsi sugli altri, ma spicca in maniera naturale.

Nel lavorare sulla tua capacità di guidare con l'esempio, potrebbe capitare, inizialmente, di non essere seguito dalle altre persone.

Normale che sia così, sappi però che, se continuerai ad impegnarti, alla fine diverse persone inizieranno a seguirti e a chiederti consigli

A tutti piace guardare dei film dove una persona compie azioni eroiche e imprese straordinarie, perché inconsciamente vorremo essere come il protagonista. Per diventare simili ai personaggi e alle persone che ammiriamo dobbiamo agire e guidare con l'esempio.

Analizza la tua vita e individua se ci sono delle aree in cui non ottieni i risultati che desideri, successivamente controlla se in quelle specifiche aree tendi a guidare con l'esempio oppure no. Se la risposta è negativa, inizia a guidare con l'esempio.

### Non cercare l'approvazione degli altri

Una caratteristica che differenzia i maschi alfa dagli altri è che non cercano l'approvazione a tutti i costi. Una persona timida o un maschio beta fa di tutto pur di avere l'approvazione delle altre persone, un maschio alfa no.

Spesso chi cade in questo meccanismo psicologico preferisce non agire e non parlare piuttosto che farlo, perché ha paura di quello che potrebbero dire le altre persone. Tieni sempre presente che: il voler fare bella figura ti toglie carisma.

È così che funziona: più vuoi fare un'ottima impressione alle altre persone, in particolar modo alle donne, e meno ci riesci. Il maschio alfa è attraente proprio perché non ricerca l'approvazione a tutti i costi, anzi se ne frega.

Questo non vuol dire che bisogna diventare antipatici ma semplicemente bisogna agire senza pensare troppo a ciò che gli altri potrebbero dire. Scrivere un messaggio ad una ragazza, piuttosto che parlare in pubblico, può essere fatto in maniera efficace concentrandosi sul messaggio che si deve trasmettere e non sul fare una buona impressione.

Il segreto consiste nel portare la tua attenzione a ciò che devi comunicare e non alla reazione che gli altri potrebbero avere. Sia gli uomini che le donne sono attratti da persone che non ricercano l'approvazione e che agiscono solo perché loro ritengono giusto comportarsi in un determinato modo.

Immagina che un giorno venga nella tua città Cristiano Ronaldo o Tom Cruise e che, entrando in un bar, vedano una ragazza che gli piace. Credi che aspetteranno il momento giusto per agire e cercheranno il modo per impressionarla? Oppure andranno a parlargli convinti del loro valore e con l'idea che l'unica persona che deve mostrare di avere le qualità necessarie è la ragazza in questione?

Un maschio alfa conosce il suo valore e non deve mostrarlo a tutti i costi. Agisce partendo dal presupposto che lui vale e quindi il parere degli altri non è poi così importante.

Per smettere di cercare l'approvazione degli altri, esiste un esercizio efficacissimo. Per un certo periodo, non dire e non fare tutte quelle cose che possono farti apparire interessante agli occhi altrui. Magari ti trovi a cena con gli amici e hai in mente una battuta per far ridere tutti: se stai lavorando su questo aspetto, evita di dirla.

Devi vincere il desiderio di apparire bello, simpatico e intelligente agli occhi degli altri. In tutte le occasioni in cui puoi dire o fare qualcosa che ti faccia apparire sotto una luce diversa, tu ti sforzi di non dire e non fare nulla. Nel voler dire cose che ci fanno sembrare apprezzabili, perdiamo carisma. Invece, nell'evitare di cedere a questo desiderio, aumentiamo la nostra leadership.

Tutte le volte in cui cerchi l'approvazione degli altri con parole, gesti e azioni perdi una piccola quantità di leadership. Ogni volta in cui non ti curi del parere degli altri e agisci in linea con i tuoi valori, invece, acquisisci un po' di carisma. Devi vincere il desiderio di voler essere apprezzato dagli altri e per farlo puoi utilizzare a tuo vantaggio qualsiasi situazione quotidiana. Tutte le volte in cui hai l'opportunità di dire qualcosa d'intelligente, divertente e che ti faccia apparire informato, devi costringerti a non dirla.

Naturalmente, dopo che sarà terminato il periodo in cui svolgi questo esercizio, potrai tornare a dire e fare quello che preferisci. Ti basta esercitarti per qualche settimana per ottenere grandi risultati. Tuttavia, se ti consideri molto timido e noti che ricerchi l'approvazione in varie situazioni, allora datti un mese di tempo per svolgere questo esercizio.

Un leader, per definizione, non può guidare nessuno se ha paura del giudizio degli altri. Se il gruppo di cui è a capo è formato da persone che la pensano in maniera diversa, cercherà continuamente di andare d'accordo con tutti per non fare un torto a nessuno. Il maschio alfa non agisce così, guida un gruppo proprio perché non ricerca l'approvazione degli altri.

Pensa a Bruce Lee, Gandhi, Giulio Cesare, Martin Luther King, Alessandro Magno, o a qualsiasi altro leader ti viene in mente. Analizza la loro vita. Sicuramente hanno dovuto affrontare l'opposizione di tantissime persone che la pensavano in maniera diversa, non si sono fermate per questo. Allo stesso modo anche tu potrai diventare un maschio alfa, dando sempre meno importanza al parere degli altri.

## Come creare delle routine che ti danno sicurezza in te stesso

Tra i bisogni fondamentali dell'uomo c'è quello della sicurezza. Tendiamo a ripetere tutte le azioni che ci fanno sentire sicuri ed evitare quelle che ci mettono a disagio.

Da questo punto di vista le abitudini servono per farci mantenere le stesse azioni, fermandoci nella zona di comfort ed evitando così di disperdere energie. Le abitudini possono migliorare enormemente la tua vita oppure peggiorarla. Creare delle abitudini che siano utili al raggiungimento dei tuoi obiettivi e delle routine che ti facciano sentire davvero sicuro di te, sono il modo migliore per creare dei cambiamenti duraturi.

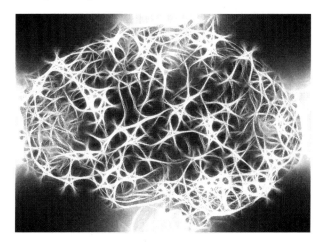

Il cervello umano è formato da miliardi di neuroni che sono le cellule del sistema nervoso. Ogni neurone crea una serie interminabile di connessioni con gli altri neuroni, attraverso le sinapsi e i dendriti.

Più è forte il collegamento tra le due sinapsi e maggiore sarà la forza di un'abitudine. Ogni volta che compi un'azione, si forma un collegamento tra due o più sinapsi: più ripeti quella determinata azione e più il collegamento diventa forte.

Attraverso la ripetizione, il collegamento tra le sinapsi diventa sempre più rigido e tu metterai in atto quella determinata azione senza pensarci. Minore è la forza del collegamento tra le cellule nervose e minore sarà la capacità di mettere in atto una determinata abitudine.

Ad esempio, una persona che prende ogni mattina una tazza di caffè, ha creato nel tempo un collegamento tra le sue cellule nervose così forte e rigido che si è consolidato in un'abitudine difficile da cambiare.

I collegamenti tra neuroni principalmente si formano quando impari o fai qualcosa di nuovo e si rinforzano quando ripeti ciò che già conosci. Quando un collegamento è stabilito all'interno del cervello tra due neuroni, non è più possibile eliminarlo.

Questo vuol dire che non puoi eliminare una cattiva abitudine ma puoi solo sostituirla, creando attraverso l'azione un altro collegamento tra neuroni e rinforzandolo nel tempo.

Le connessioni tra neuroni funzionano seguendo il principio delle linee di minor resistenza, le informazioni che viaggiano nel cervello tendono a seguire le "vie" già tracciate. Questo sistema serve, tra le altre cose, a risparmiare energia.

Conoscere questo meccanismo ti permette di capire come, attraverso l'azione, tu abbia il potere di alimentare ancora le connessioni tra le sinapsi già esistenti, e quindi legarti ancora di più a delle abitudini dannose per te. Oppure, utilizzare l'azione per creare nuove connessioni che ti portino a sviluppare abitudini più adatte alla persona che vuoi diventare.

Il modo migliore per creare una nuova abitudine è quello di creare un legame forte tra le sinapsi e questo è possibile farlo attraverso:

- la ripetizione;
- l'influenza delle emozioni.

Provare delle forti emozioni positive quando si compie un'azione indica al cervello che è un bene ripetere quella stessa azione.

Finora ti sei comportato da persona timida, alimentando i collegamenti tra i tuoi neuroni. Il cervello ha la capacità di creare un'infinità di connessioni diverse quindi puoi cambiare i tuoi comportamenti.

Attraverso l'azione e la ripetizione costante, puoi dare una nuova direzione alla tua vita, sviluppando delle abitudini più utili per raggiungere i tuoi obiettivi.

Quando vuoi creare una nuova abitudine, devi alimentarla con l'azione e la ripetizione. Per far sì che nel cervello diventi più forte il collegamento neuronale della nuova abitudine, devi ripeterla il più spesso possibile.

Questo implica che, all'inizio, potrai ricadere nel vecchio comportamento; se succede, non arrabbiarti, anzi, impegnati con ancora più determinazione nell'alimentare la nuova abitudine.

Nella misura in cui ripeti sempre una determinata

azione, rendi più forte il collegamento tra i neuroni. Naturalmente il cervello darà ancora maggiore importanza ai collegamenti precedenti ed è per questo che, per creare un cambiamento duraturo, ci vuole del tempo. La mentalità del "voglio tutto e subito" non aiuta, ma un passo alla volta puoi creare la vita che desideri. Nello specifico ciò che rallenta il cambiamento è il condizionamento. Condizionarsi a ripetere sempre la nuova azione che si è scelti e smetterla di alimentare l'alternativa. Nel corpo viene atrofizzato tutto ciò che non viene utilizzato. Puoi eliminare le tue abitudini negative legate alla tua vita sociale, smettendo di alimentarle. Poco alla volta, perderanno il loro potere.

## Come velocizzare l'apprendimento

Esistono quattro livelli di competenza, che partono dal non essere in grado di fare qualcosa a diventare dei veri esperti. Essi sono:

- inabilità inconscia;
- inabilità conscia;
- abilità conscia;
- abilità inconscia.

## Inabilità inconscia

Ognuno di noi è incompetente in qualcosa di cui ignora anche l'esistenza. In questa fase si ignora la conoscenza e l'utilità di saper fare una determinata cosa.

### Inabilità conscia

A questo livello si è consapevoli di non saper compiere una determinata azione. Si riconosce sia l'utilità di una determinata azione che la propria incapacità a eseguirla (ad esempio, si può essere consapevoli di non saper guidare o di non saper parlare l'inglese).

### Abilità conscia

A questo livello sai di essere bravo in qualcosa, ma per svolgerla devi pensarci su e sforzarti coscientemente. Inizialmente, per svolgere queste attività devi pensare a una serie di procedure da seguire e spesso ti dimentichi quali esse siano (ad esempio, quando guidi da poco la macchina e ancora non sai gestirla bene in tutte le situazioni).

### Abilità inconscia

Ci sono vari livelli di questo tipo di competenza, l'ultimo è quello della maestria e della padronanza totale in una specifica area. In generale, hai sviluppato un'abilità inconscia in tutte quelle attività che svolgi senza pensarci, in automatico e in maniera naturale. Ad esempio, allacciarti le scarpe non ti richiede alcuno sforzo, lo hai fatto così tante volte che puoi farlo a occhi chiusi.

Ad esempio capita nello sport che chi è un ottimo giocatore, quando diventa allenatore magari non è poi alterattanto bravo. Questo accade perché, quando si è competenti inconsci in qualcosa, i gesti da svolgere vengono in maniera naturale e si fa difficoltà a spiegare come replicarli.

L'unico modo per passare da un livello di competenza a quello successivo è la pratica. Indipendentemente dai risultati che hai raggiunto fino a oggi, se farai pratica puoi diventare un vero esperto in socializzazioni. Le ore di pratica ti separano dall'essere poco bravo in qualcosa al diventare bravissimo.

Esistono delle linee guide da seguire per velocizzare il cambiamento. Per passare da un'incompetenza inconscia a una competenza conscia bisogna:

1. conoscere il minimo indispensabile di teoria per potersi auto-correggere;
2. dividere l'abilità principale da sviluppare in abilità "più piccole";
3. fare pratica per almeno venti ore.

## 1. Conoscere la teoria per potersi auto-correggere

Per passare dal livello di inabilità conscia ad abilità conscia il modo migliore è quello di agire; tuttavia, essendo le prime volte che si compiono quelle determinate azioni, si commettono degli errori. L'ideale è conoscere il minimo di teoria necessaria per potersi auto-correggere e capire come migliorarsi. Non c'è bisogno di leggere migliaia di libri sull'argomento. La teoria serve solo per poter diventare più efficaci nella pratica.

Vuoi migliorare il tuo modo di comunicare? Studia il giusto indispensabile sulla comunicazione.

Vuoi imparare ad approcciare? Impara il minimo di teoria per poterti auto-correggere.

## 2. Dividi l'abilità principale

Individua l'abilità che vuoi sviluppare e dividila in sotto-abilità.

Ipotizzando che tu voglia imparare a socializzare con le altre persone, per gestire meglio le conversazioni puoi dividere questa abilità in tre sotto-abilità:

- approccio;
- conversazione;
- saluti.

Per gestire al meglio le conversazioni, puoi allenarti in ognuna di queste tre fasi, migliorandole singolarmente e poi mettendole insieme.

Dividere un'abilità in sotto-abilità da sviluppare e poi da unire ti permette di migliorare ogni singola fase e rendere il tutto più gestibile. Pensa com'è differente per una persona dover parlare con un estraneo e gestire il tutto senza punti di riferimento, oppure socializzare allenando solo l'approccio e quindi, dopo aver approcciato, se non sapesse cosa dire, potrebbe salutare e andarsene.

Allena le singole fasi e poi mettile insieme e uniscile fino a formare l'abilità che volevi sviluppare inizialmente.

## 3. Fare pratica per almeno venti ore

Quando si svolge un'attività per almeno venti ore,

e avendo una minima base di teoria per correggersi, si raggiunge un livello discreto per poterla applicare. Che sia imparare uno strumento musicale, imparare a socializzare o sciare, se ti eserciterai per almeno venti ore (non devono essere per forza consecutive, va bene anche divise in diverse settimane), raggiungerai un livello minimo per poterle praticare. Naturalmente questo vuol dire che, se vuoi imparare ad approcciare, praticando per venti ore non diventerai veramente bravo ma raggiungerai un livello minimo per poter approcciare con più sicurezza. Indubbiamente più fai pratica e più bravo puoi diventare, ma le venti ore di applicazione ti separano dal punto in cui ti trovi adesso al raggiungere un risultato discreto in quell'area.

Invece, per passare da una competenza conscia a inconscia, l'ideale, oltre a esercitarsi possibilmente ogni giorno, è trovare qualcuno più bravo di te in quella specifica attività. Avere un mentore, un maestro o anche solo un amico più bravo può farti migliorare molto. Vedendo all'opera una persona più esperta di noi impariamo cose che altrimenti impiegheremmo anni ad apprendere. Inoltre, una persona più brava può distruggere tutta una serie di convinzioni limitanti che potremmo avere perché ci mostra con l'esempio che quelle idee non hanno fondamento.

| Inabilità Inconscia | Inabilità Conscia: <br> - Studia il minimo di teoria <br> - Dividi l'abilità principale <br> - Pratica per almeno 20 ore | Abilità Conscia: <br> - Trova un mentore <br> - Esercitati ogni giorno | Abilità Inconscia |
| --- | --- | --- | --- |

**L'ora di potere**

Le tue abitudini possono renderti sicuro di te oppure no. È importante sviluppare delle routine quotidiane che ti facciano sentire bene. Per diventare un maschio alfa più velocemente devi sviluppare delle abitudini potenzianti che ti diano energia e sicurezza in te stesso. Uno dei modi per farlo è quello di sviluppare la tua "ora di potere".

Questo esercizio consiste nel prenderti un'ora di tempo e sviluppare tre abitudini potenzianti per te. Dividi un'ora in tre attività da venti minuti l'una e utilizzale per sviluppare delle abitudini potenzianti. Potresti dividere l'ora di potere in questo modo:

- 20 minuti d'immaginazione creativa (in cui affronti con la visualizzazione tutte le tue paure, ti vedi socializzare con successo e ti immagini mentre ti comporti da perfetto maschio alfa);
- 20 minuti di lettura;

- 20 minuti di socializzazione reale (in cui ti sforzi di conoscere persone nuove).

Se suddividi l'ora di potere in questo modo, i primi venti minuti ti serviranno per affrontare le paure che hai nella tua immaginazione, in modo tale che, quando ti toccherà farlo dal vivo, sarà più semplice.

I secondi venti minuti puoi utilizzarli per leggere qualcosa che ti ispiri, ti motivi e ti insegni strategie nuove. Infine, gli ultimi venti minuti li puoi utilizzare per uscire e socializzare con persone reali.

L'ora di potere deve essere svolta con tre attività, che si susseguono, l'una dopo l'altra. Non è la stessa cosa passare quaranta minuti tra immaginazione creativa e lettura per poi rimandare ad un altro giorno la socializzazione reale piuttosto che svolgerla subito.

Proprio per questo è importante scegliere con cura quali saranno le tre attività da svolgere. Se preferisci sviluppare altri tipi di abitudini da quelli che ti ho elencato ecco alcune idee:

- attività fisica;
- allenamento a corpo libero;
- leggere i post del blog su **PUATraining.it** o guardare i video del nostro canale YouTube;
- meditare;
- passare del tempo da soli con se stessi, senza distrazioni, a contatto con la natura;
- guardare scene di film dove il protagonista si comporta da maschio alfa.

Puoi scegliere qualsiasi tipo di attività, a patto che siano tre azioni che ti facciano sentire bene e più sicuro di te. Magari, se nella tua routine quotidiana non hai tempo per un'ora intera da dedicare a te stesso, allora valuta la possibilità di svegliarti ogni giorno un'ora prima.

Quando svolgi l'ora di potere per le prime volte, e ti rendi conto che fai difficoltà a mantenere quest'abitudine, allora inizia gradualmente, spostando il tempo totale da un'ora a mezz'ora e il tempo da dedicare ad ogni singola attività da venti a dieci minuti.

Poi quando ti sentirai pronto, aumenterai il tempo fino a riempire l'ora con tre blocchi da venti minuti.

Per sviluppare delle abitudini potenzianti crea la tua "ora del potere"

Consiste nel dividere un'ora in 3 blocchi da venti minuti, da utilizzare ognuno per sviluppare un'abitudine potenziante

Se non hai abbastanza tempo durante la giornata, svegliati ogni giorno un'ora prima.

## Riassumendo

- Le abitudini possono migliorare enormemente la tua vita oppure peggiorarla in maniera inesorabile.
- Il modo migliore per creare una nuova abitudine è quello di creare un legame forte tra le sinapsi. Questo è possibile farlo attraverso:
  - la ripetizione;
  - l'influenza delle emozioni.
- Nel corpo viene atrofizzato tutto ciò che non viene utilizzato. Puoi eliminare le tue abitudini negative legate alla tua vita sociale, smettendo di alimentarle.
- Le persone che non conoscono il modo in cui si formano le abitudini, quando non riescono a comportarsi come vogliono, si considerano "sbagliate". Non commettere lo stesso errore.
- Esistono 4 livelli di competenza e abilità, per passare da un livello a quello successivo c'è bisogno di pratica.
- Il modo migliore per creare delle abitudini potenzianti è quello di utilizzare l'ora di potere: un'ora di tempo che dividi in tre blocchi da venti minuti per sviluppare delle azioni che ti fanno sentire bene.

## Esercizi

- Scegli quali abitudini sviluppare nella tua "ora di potere" e inizia già oggi a sperimentarla.

Tutti i grandi leader alimentano la loro mente con costanza attraverso idee e strategie sempre nuove e migliori. Per diventare un maschio alfa esiste un'abitudine tipica dei leader da sviluppare.

Consiste nel diventare un allievo a vita, sforzandosi ogni giorno di imparare cose nuove. La strategia consiste nel prendere l'abitudine di dedicare 30-60 minuti al giorno all'apprendimento di nuove tecniche e modi di fare. I grandi leader hanno raffinato le loro capacità e se non sono bravi in qualcosa si circondano di persone che invece lo sono. Diventare un maschio alfa è più semplice per chi dedica quotidianamente del tempo al suo sviluppo personale.

Tutti i giorni attraverso libri, blog, video, podcast o corsi dal vivo devi introdurre nuove idee e raffinare le abilità che già hai. Questo ti permette di apprendere tutte le strategie che ti servono per fare la differenza.

Un sondaggio Istat afferma che: *"I "lettori forti", cioè le persone che leggono in media almeno un libro al mese, sono il 13,7% dei lettori (14,3% nel 2014) mentre quasi un lettore su due (45,5%) si conferma "lettore debole", avendo letto non più di tre libri in un anno".*

Questi dati dimostrano come in Italia la persona media legga veramente poco (il quadro della situazione è peggiore se paragoniamo l'Italia ai Paesi dell'Europa del Nord o il Sud Italia al Nord Italia). Puoi raggiungere tutti quei risultati che gli altri non ottengono se sarai disposto a leggere e ad applicarti più di loro.

Bill Gates, Elon Musk, Jeff Bezos, Warren Buffet e tanti altri grandi imprenditori hanno più volte dichiarato il loro amore verso la lettura. Naturalmente se non ti piace molto leggere, allora ascolta degli audio o guarda dei video. L'importante è che ogni giorno ti prendi il tempo per imparare strategie nuove.

Ipotizziamo che di due fratelli uno decida di leggere un libro al mese e di guardare un video al giorno, mentre l'altro no. Il fratello che ha preso questa decisione in un anno avrà visto 365 video e letto 12 libri in più del suo familiare. Dopo cinque anni, avrà visto 1825 video e letto 60 libri in più di suo fratello.

Credi che questo non incida sulla loro vita?

Quale dei due fratelli conoscerà più strategie?

Chi dei due avrà più chance di raggiungere i risultati che si è prefissato?

Tutti i soldi spesi in libri, audio, corsi e informazioni per migliorarti sono dei veri e propri investimenti. Investire su di te è una scelta saggia.

La società solitamente ci incita a sviluppare solo determinate qualità e così non diventiamo delle persone complete. Magari ti comporti da "filosofo", sei molto riflessivo e introspettivo ma poco incline alla realizzazione di obiettivi pratici.

Oppure sei troppo propenso all'azione e non riesci mai ad avere intuizioni o nuove idee. Puoi "completare" il tuo carattere e sviluppare le qualità che ti renderanno migliore grazie all'abitudine di prenderti, ogni giorno, del tempo da investire nella tua formazione.

Per trarre il massimo da questo concetto devi analizzare le tue qualità e dedicarti ad una disciplina che ti faccia sviluppare le qualità opposte.

In linea generale se sei riflessivo, sensibile e magari ti piace leggere libri di spiritualità, alcune discipline da seguire per sviluppare le qualità che ti "completano" sono: gli sport da combattimento (o in alternativa qualche arte marziale), imparare a danzare, specialmente i balli latino-americano. Esercitarti ad approcciare ragazze che non conosci oppure fare qualcosa che ti faccia prendere molte responsabilità.

Invece se tendenzialmente sei più focalizzato su risultati pratici e materiali, allora alcune discipline da seguire per sviluppare le qualità che ti "completano" sono: leggere molti libri, fare volontariato, prenderti più tempo per riflettere o per stare da solo.

Utilizza questa nuova abitudine di dedicare del tempo alla tua formazione per sviluppare le qualità che ti renderanno inarrestabile.

## Riassumendo

- Tutti i grandi leader investono tempo e soldi su se stessi.
- Prendi l'abitudine di dedicare 30-60 minuti al giorno all'apprendimento di nuove strategie.
- La società solitamente ci incita a sviluppare solo determinate qualità e così non diventiamo delle persone complete.

## Esercizi

- Impiega ogni giorno, dai trenta ai sessanta minuti, per leggere, guardare video, ascoltare audio etc… che ti facciano crescere, migliorare e sviluppare abilità nuove.
- Analizza quali capacità hai e sviluppa quelle che ti "completano".

Finora ti ho mostrato i modi di pensare e di agire per superare qualsiasi forma di timidezza tu abbia. Inoltre ti ho spiegato alcune strategie che puoi utilizzare per aumentare la tua leadership. In questa sezione, invece, ti spiego i modi di pensare e di agire di un vero maschio alfa che lo differenziano da un maschio beta.

Non ho nulla contro i maschi beta, quando parlo di loro mi riferisco alla mentalità che hanno e nei prossimi capitoli generalizzerò alcuni modi di pensare solo per farti capire meglio alcuni concetti.

Renderò più accentuate le differenze tra maschi alfa e beta con lo scopo di farti capire esattamente come pensa e agisce un vero leader. In modo tale che anche tu possa replicare lo stesso modo di fare.

Il concetto base (che sosterrà i prossimi capitoli) è: "dietro un'azione c'è sempre un modo di pensare che lo corrisponde".

Le azioni sono la "manifestazione" dei pensieri più profondi di una persona. I leader agiscono in modo diverso dagli altri perché ragionano in modo diverso. Ogni azione svolta con totale sicurezza è sostenuta da un modo di pensare che dona sicurezza.

Naturalmente vale anche il contrario e quindi ogni azione svolta con insicurezza è sostenuta da un modo di pensare che nutre dubbi e paure.

Il modo di pensare di un maschio alfa è il centro di tutto il suo modo di fare. La principale differenza tra chi ottiene i risultati che desidera e chi invece non ci riesce è proprio da ricercare nella mentalità di queste persone. Chi raggiunge risultati in maniera costante ha una mentalità opposta rispetto a chi non raggiunge mai i risultati che desidera.

Tuttavia è giusto precisare che un pensiero ripetuto poche volte non crea i cambiamenti che desideri. Solo quando un pensiero diventa parte del tuo modo di ragionare e di agire, stai creando i presupposti per un cambiamento duraturo. Leggi con attenzione i prossimi capitoli perché contengono "la mentalità" di un maschio alfa.

I 7 modi di pensare e di fare sono:
1. i leader hanno degli standard più alti rispetto agli altri;
2. i maschi alfa si impegnano al 100% per realizzare i loro sogni;
3. quando non riescono a raggiungere il loro obiettivo, le persone sicure di sé cambiano strategia non obiettivo!
4. i leader agiscono prima di sentirsi veramente pronti a farlo;

5. i maschi alfa sono più grandi dei loro problemi;
6. i leader aiutano gli altri a diventare leader a loro volta;
7. le persone sicure di sé hanno una mentalità di abbondanza.

**Modo di pensare numero 1**

I maschi alfa agiscono per ottenere un enorme successo, per realizzare i loro obiettivi e vivere la vita dei loro sogni. I maschi beta invece agiscono per "sopravvivere". I maschi alfa agiscono e vanno all'attacco, proprio mentre nella stessa situazione i maschi beta indietreggiano e stanno sulla difensiva.

L'obiettivo che muove un maschio alfa è quello di realizzare i suoi sogni e non è disposto ad accettare niente di meno. I leader utilizzano il potere dell'intenzione a loro vantaggio. Si pongono grandi obiettivi e fanno di tutto per conseguirli.

I maschi beta invece non hanno grandi pretese e si accontentano di qualsiasi risultato. Un leader ha standard molto alti e si impegna per superarli. Quindi il primo passo che devi fare è quello di alzare i tuoi standard (ad esempio, indipendentemente dalla simpatia o meno che puoi provare per lui, se ti trovi a guardare qualche intervista di Donald Trump degli anni 80, vedrai che già allora lui parlava di diventare il presidente degli USA un giorno, nonostante avesse già allora raggiunto traguardi nettamente al di sopra rispetto al punto dal quale era partito).

Nel Settembre del 2001, durante una gara automobilistica, l'Honda di Alessandro, chiamato da tutti Alex, esce dalla pista facendo un testacoda. Così Alessandro riprende il controllo della vettura e ritorna in pista, ma la monoposto di Tagliani che in quel momento toccava i 320 km/h colpisce in pieno la vettura di Alex, distruggendola. Nell'impatto Alessandro perde entrambe le gambe. Soccorso con urgenza, resta in coma farmacologico per tre giorni.

In pochi credono che riuscirà a sopravvivere. Tuttavia Alessandro sopravvive all'incidente. Inizia il processo di riabilitazione e si riprende completamente. Dal quel giorno Alex Zanardi ha vinto diverse medaglie d'oro, stabilito record mondiali ed è diventato il primo paratleta a completare l'Iron Man sotto le 9 ore con un tempo di 8 ore 48' 58".

Prendo la storia di Alex Zanardi come esempio perché per certi versi è molto "estrema". La maggior parte delle persone non deve affrontare le difficoltà che ha affrontato Alex. Però il suo modo di pensare è l'esempio perfetto di come pensa e agisce un maschio alfa. Un leader pretende da se stesso molto di più di quanto gli altri pretendono da loro stessi.

Agisce per realizzare i suoi desideri, indipendentemente dalle difficoltà. Un maschio beta invece agisce per soddisfare i desideri di altre persone.

La storia di Alex ci insegna tantissime cose e ci ricorda che possiamo realizzare grandi imprese, indipendentemente dalla situazione in cui ci troviamo in questo momento.

La grandezza dell'obiettivo incide molto sulla vita di una persona.

Un maschio alfa "punta alle stelle":
- quando è in discoteca, approccia la ragazza più bella del locale;
- nella vita punta a trasformare i suoi sogni in realtà;
- nella carriera si impegna per migliorare costantemente.

Un maschio beta invece:
- quando è in discoteca, si accontenta di una ragazza qualsiasi;
- nella vita punta a fare ciò che gli altri si aspettano da lui;
- nella carriera sceglie di fare il minimo indispensabile.

Un maschio alfa inconsciamente pensa: "Mi accontento solo dell'eccellenza", mentre un maschio beta pensa: "Mi accontento del minimo indispensabile". Nella seduzione, un maschio alfa pensa: "Voglio avere un successo strepitoso con le donne", mentre un maschio beta pensa: "Voglio trovarmi una donna, una qualsiasi va bene".

I leader agiscono per avere successo, gli altri agiscono per non perdere.

Questa differenza la si nota meglio in ambito sportivo dove gli atleti che puntano al raggiungimento di grandi obiettivi (ad esempio Cristiano Ronaldo, Valentino Rossi, LeBron James, Roger Federer, Lewis Hamilton etc...) raggiungono risultati sempre più ambiziosi, mentre gli altri atleti hanno carriere altalenanti.

Nel tennis, la differenza tra il terzo nella classifica dei migliori e il centesimo non è tecnica. Tecnicamente sono entrambi straordinari, la differenza è soprattutto psicologica. Il migliore dei due riesce a esprimere le sue capacità anche in situazioni emotivamente molto forti e stressanti.

Percepisci l'enorme differenza che c'è tra due calciatori. Uno ha come obiettivo quello di diventare il miglior calciatore di tutti i tempi, l'altro desidera solo giocare in Serie A. Percepisci la differenza che c'è tra le due persone? Uno agisce per vincere, l'altro per non perdere?

Un maschio alfa è una persona che vuole vivere alle sue condizioni, seguendo le sue regole e i suoi valori. Vuole ottenere il massimo dalla sua vita ed è disposto a tutto pur di farcela. Un maschio beta invece non ha una meta particolare da raggiungere, si accontenta di qualsiasi risultato.

Il modo di pensare numero 1 di un maschio alfa è "voglio realizzare tutto ciò che desidero" e applica questa mentalità a ogni situazione. Alza i tuoi standard per riuscire ad applicare questo modo di pensare alla tua vita.

**Riassumendo**
- I maschi alfa agiscono per ottenere un enorme

successo, per realizzare i loro obiettivi e vivere la vita dei loro sogni. I maschi beta invece agiscono per "sopravvivere".

- Un maschio alfa è una persona che vuole vivere alle sue condizioni, seguendo le sue regole e i suoi valori. Vuole ottenere il massimo dalla vita ed è disposto a tutto pur di farcela. Un maschio beta invece non ha una meta particolare da raggiungere, si accontenta di qualsiasi risultato.

- Il modo di pensare numero 1 di un maschio alfa è "Voglio realizzare tutto ciò che desidero" e applica questa mentalità in ogni circostanza.

**Modo di pensare numero 2**

I maschi alfa si impegnano per realizzare i loro sogni mentre i maschi beta lo desiderano soltanto. I leader inconsciamente hanno l'idea che raggiungere i loro sogni sia straordinario, gli altri invece credono che per riuscirci dovranno superare enormi difficoltà e preferiscono non iniziare affatto.

I maschi beta interiormente sono combattuti. Da una parte vogliono raggiungere i loro sogni, dall'altra invece credono che sia difficile e non alla loro portata. Proprio per questo motivo i maschi alfa fanno tutto ciò che è necessario per trasformare i loro desideri in realtà, mentre gli altri no.

Non è qualcosa che si percepisce solo a livello conscio ma anche inconscio, in quanto a "parole" alcuni dicono di voler raggiungere un determinato obiettivo ma poi con le azioni non fanno nulla. Ad un'analisi più accurata risulta che esistono tre livelli della volontà. Il primo livello è: "Voglio realizzare i miei sogni", che è un modo diverso dal dire "se li realizzo bene, altrimenti fa niente".

Naturalmente se si applica questo grado di volontà non si riuscirà a cambiare la propria vita. Il desiderare qualcosa non è una formula completa per raggiungere una meta, ma è solo il primo gradino. Il secondo livello della volontà è: "Decido di realizzare i miei sogni", in questo modo c'è più forza e impegno. Spesso però, anche questa modalità non basta. L'ultimo livello della volontà è: "Faccio tutto ciò che è necessario per realizzare i miei sogni".

In questo modo l'impegno è totale, ci si dedica a un obiettivo utilizzando il 100% delle proprie risorse. Solo a questo livello non si accetta nessun altro risultato se non quello desiderato. La maggior parte dei maschi beta agisce utilizzando il primo livello di volontà, per questo non si impegna totalmente.

Scommetteresti sul fatto che entro 5 anni realizzerai i tuoi sogni?

In molti risponderebbero di "no", è questa la differenza tra un maschio alfa e uno beta. I primi credono in se stessi, si impegnano totalmente e non accettano i fallimenti. I secondi invece non si impegnano mai al 100%.

Essere un maschio alfa non è una passeggiata, è per questo che c'è carenza di leader. Essere degli alfa vuol dire sacrificarsi e spesso rischiare senza conoscere l'esito. Ci vuole coraggio e l'impegno richiesto è totale.

Nel 1974 il funambolo Philippe Petit decise che era il momento di compiere l'impresa che voleva realizzare da diversi anni. Camminò su un filo d'acciaio, da una torre all'altra di quelle che erano le Torri Gemelle (il World Trade Center di New York) rischiando la vita.

Raggiuta la seconda torre, decise di rifare il percorso e tornare indietro, camminando nuovamente sul filo. Per le sue esibizioni venne arrestato diverse volte e poi rilasciato. Philippe non si fece fermare da nulla, né dall'altezza, né dalla precarietà del filo, né dalla paura e né da chi sosteneva che le sue imprese erano impossibili da realizzare.

 Non ti chiedo di rischiare la tua vita su un filo, né di compiere imprese in cui metti a repentaglio la tua vita in altri modi. Però l'atteggiamento che devi avere è come quello di Philippe

Petit: un impegno totale per raggiungere i tuoi obiettivi e dove il fallimento non è un'alternativa.

Un leader è disposto a fare tutto ciò che è necessario per raggiungere i propri obiettivi. Quando è totalmente impegnato, un maschio alfa non conosce feste, sabati o giorni di pausa.

La sua dedizione è totale. Quando ha in mente un obiettivo, un maschio alfa diventa un laser, dirige la sua energia in un'unica direzione, mentre un maschio beta la disperde in più modi.

Ricordo quest'episodio che mi successe prima di fondare PUATraining Italia come se fosse successo ieri. Al tempo in Italia c'erano solo un paio di forum dove si parlava di seduzione e di PUA e su uno di questi forum (che tra l'altro non era nemmeno italiano ma piuttosto aveva una sezione al suo interno per italiani appassionati di seduzione/game) iniziai a presentarmi per far conoscere la mia idea, quello che stavamo cercando di mettere su in Italia (cosa che al tempo nessun altro offriva) e soprattutto qualcuno interessato ad essere coinvolto nel progetto.

Risultato: fui bannato, deriso e nessuno volle far parte del Team! Bella batosta al primo tentativo di far partire un progetto, no?

Secondo te questo "ostacolo" mi ha impedito di raggiungere l'obiettivo/mission che mi ero prefisso (mettere su la miglior offerta che ci fosse in Italia come qualità/prezzo per quanto concerne prodotti per l'apprendimento in auto-didatta e i corsi di seduzione dal vivo rivolti ad uomini)?

E sai quanti altri ostacoli ho incontrato negli ultimi 10 anni? Te ne cito solo alcuni perché potrei scrivere un capitolo solo su questo:

- Altri siti di seduzione che continuano a nascere come i funghi dal nulla, riciclando il nostro materiale e quello dei pochi veri esperti/innovatori/pionieri in questo campo e rivendendolo a loro nome quando non sono nemmeno veri esperti di seduzione ma piuttosto esperti di web marketing (se non addirittura vere e proprie agenzie di web marketing), bravi a posizionare i loro siti sui motori di ricerca e che, grazie a queste loro capacità, sono in grado di portarci via clientela che normalmente si rivolgerebbe ai veri esperti di seduzione come noi.
- Credi che stia esagerando? Ok, facciamo un test: cerca su Google "come conquistare una ragazza" e poi contatta i primi 10 siti. Chiedi loro, oltre a spiegartelo teoricamente tramite la pagina web con la quale si sono posizionati su Google e/o con l'ausilio di qualche eBook che ti propongono, di scendere sul campo di battaglia con te a farti vedere nella pratica come si fa (ovviamente proponendo loro di pagare quello che vogliono per rendere il test ancora più efficace)

e vedrai in quanti accetteranno di farlo.

- Ex-istruttori vari, che io stesso ho prima individuato come talenti dal nulla nel quale versavano e, dopo averli formati e avergli permesso di farsi un nome/status come esperti di seduzione, hanno assunto comportamenti che da un punto di vista etico/morale sono veramente vergognosi (come sappiamo, c'è chi per il denaro fa questo ed altro) pur di portarci via clienti e fare soldi in questo settore.

- *Le Iene* di Italia 1, ossia i migliori scova-truffe che ci sono in Italia, che sono venuti a video documentare il mio primo approccio che andò malissimo e dal quale dovetti riprendermi in men con non si dica per non buttare via sette anni di duro lavoro, impiegati nel portare PUATraining Italia ai livelli ai quali era arrivata fino a quel momento.

- Tutte le problematiche che una qualsiasi attività commerciale ha quotidianamente nel gestire clienti, collaboratori, fornitori, etc...

Secondo te però tutto questo mi ha impedito di raggiungere il mio obiettivo?

Non so come tu vedi PUATraining ma, a rischio di apparire poco modesto, io mi spingerei a dire con un paragone calcistico che da 10 anni a questa parte, ogni anno, o vinciamo il campionato oppure comunque andiamo sempre a fare la Champions!

Per darti un'idea, qualora magari non ne fossi ancora a conoscenza, ecco alcuni dei nostri record raggiunti nel corso degli ultimi 10 anni:

- I PRIMI ad organizzare corsi di seduzione strutturati e in modo consistente in Europa e in Italia (altri, sia in Europa che in Italia, che organizzano corsi oggi hanno quasi tutti lavorato per/imparato da noi).
- Abbiamo migliorato la vita di migliaia di uomini, più di chiunque altro in Italia e in Europa.
- Ci abbiamo sempre messo la faccia. I PRIMI a farlo davanti a milioni di italiani in TV mentre davamo dimostrazioni pratiche sul campo.
- I PRIMISSIMI ad offrire la Garanzia "Soddisfatti o Rimborsati" sui corsi dal vivo e di cui ad oggi, dopo centinaia di corsi, solo 2 persone hanno chiesto di usufruire in circostanze veramente al limite dell'incredibile (il tutto verificabile tramite le nostre recensioni su Facebook e Google che sono ovviamente genuine al 100% e da te indipendente accertabili visto che chi le lascia ci mette faccia, nome e cognome).
- I PRIMISSIMI a fare un corso dal vivo di seduzione a un uomo 68enne (la prossima volta che ti senti vecchio per conquistare donne pensa a lui), a una donna e a far ottenere 2 F-Close (portarsi una donna a letto) & 4 K-Close

(baciare una ragazza) durante una settimana di corso ad un corsista che partiva da un livello veramente basso.

- Gli UNICI in questo settore con 2 libri (no eBook/Kindle che chiunque può auto-pubblicarsi) in librerie fisiche di cui uno, *L'Arte della Seduzione*, con più di 100mila copia vendute e tradotto in 7 lingue e l'altro, *Dai messaggi al sesso*, già alla sua seconda ristampa dopo 3 mesi dall'uscita.

- Gli UNICI che offrono la possibilità di avere una donna sul campo (quindi non solo ai seminari come modella) come formatrice/wingwoman.

- Gli UNICI AL MONDO ad aver creato un videogioco interattivo per imparare a sedurre donne (cerca su Google "Super Seducer").

- Il PRIMO sito di seduzione in Italia ad accettare Bitcoin e centinaia di altre cryptovalute come metodo di pagamento.

Ora secondo te chi è che ride ? Chi ha cercato di abbassarmi al suo livello quando ho presentato la mia idea 10 anni fa su quel forum? Quelli che hanno cercato di metterci i bastoni fra le ruote negli ultimi 10 anni? Oppure io e Richard che abbiamo concentrato tutte le nostre energie, come appunto un laser, negli ultimi 10 anni per rendere PUATraining un'azienda leader nel suo campo?

È esattamente questo che intendo quando dico che devi essere disposto a fare tutto ciò che è necessario (rimanendo però una persona corretta e non diventando una persona che per i soldi è ben felice di svendere la propria parola e la propria morale) per realizzare i tuoi obiettivi.

A tale proposito, per rendere ancora meglio il concetto, ci sono 2 film che mi sento di consigliarti:

- *The Founder*: il film racconta la storia vera dell'imprenditore Ray Kroc e della sua acquisizione della catena di fast food McDonald's.
- *La Grande Truffa* (Gold): un film del 2016 con Matthew McConaughey.

In entrambi i film i protagonisti fanno tutto quello che devono fare per raggiungere i propri obiettivi (e li raggiungono alla fine), ma la differenza fondamentale sta nel fatto che nel primo film il protagonista non ha alcun riguardo degli accordi presi, se ne frega di tutto e di tutti e si comporta da vero pezzo di m***a (per intenderci la classica persona che lo mette in quel posto ad altri per avere successo nella vita); nel secondo film invece, il protagonista fa delle cose di cui non c'è da andare proprio fieri ma, alla fine, mantiene la sua parola.

Con questo in pratica sto cercando di dirti:

Maschio Alfa = persona che fa di tutto per raggiungere i propri obiettivi, MA ci sono modi e modi di interpretare questa filosofia e la mia interpretazione è che dovresti comunque comportarti in modo etico e morale (motivo anche per il quale uno dei miei modelli di riferimento è Lord Sugar come vedrai più avanti).

Per quanto mi riguarda, un uomo che non mantiene la sua parola, che cerca di fare successo fregando gli altri, non è un vero uomo, ergo non può essere un vero maschio alfa e, se pure lo fosse, è comunque in primis un disonesto.

**Riassumendo**
- I maschi alfa si impegnano per realizzare i loro sogni mentre i maschi beta lo desiderano soltanto.
- Esistono tre livelli della volontà, il primo inizia con "Voglio ", il secondo con "Decido ", il terzo con "Faccio tutto ciò che è necessario ".
- Un leader è disposto a fare tutto ciò che è necessario per realizzare i propri obiettivi. Quando ha in mente un obiettivo, un maschio alfa diventa un laser, dirige la sua energia in un'unica direzione, mentre un maschio beta la disperde in più modi.
- Attenzione però a non prendere questo "fare di tutto" troppo alla lettera: non significa venire meno alla parola data e/o assumere comportamenti sleali e/o poco etici/morali, se sfoci nella disonestà sarai sempre e comunque in

primis un disonesto (a volte con gravi conseguenze per te) e non un vero uomo.

## Modo di pensare numero 3

La maggior parte delle persone quando non raggiunge il proprio obiettivo si scoraggia e smette di riprovare, non rischia facendo un altro tentativo. Un maschio alfa invece quando cade si rialza, non si arrende. Dentro di lui sa che è suo dovere dare il massimo.

Le sfide non lo intimidiscono perché sa di essere in grado di affrontarle. Essere un maschio alfa vuol dire agire con coraggio e pretendere da se stessi standard sempre più alti. Le persone credono che il successo in qualsiasi ambito lo si raggiunge in poco tempo e con qualche tentativo, i maschi alfa invece sanno perfettamente che non funziona così.

Un vero leader è disposto a tutto pur di raggiungere i suoi obiettivi e quando non riesce proprio a raggiungerli, non cambia obiettivo ma strategia. Essere flessibili e provare più alternative è un'opzione migliore rispetto a quella di arrendersi. Le persone si arrendono perché non vedono alternative, invece un maschio alfa se le crea.

Essere convinti che le cose vadano esattamente come ci aspettiamo può essere un grande impedimento nel trovare un'altra "via" per raggiungere i nostri obiettivi. Spesso e volentieri le cose non vanno come ci aspettiamo, quindi è importante imparare a fluire con gli eventi senza creare ulteriore attrito. I maschi beta pensano: "speriamo che riesco a farcela", mentre un maschio alfa pensa: "troverò il modo per farlo".

Per raggiungere i traguardi che ti sei prefissato dovrai affrontare difficoltà di ogni tipo, ma non li raggiungerai mai se ti arrendi. Un maschio alfa si rialza in piedi per riprovare con maggiore determinazione.

- Se non riesci a raggiungere i risultati che desideri nella socializzazione, cambia la tua strategia.
- Se non riesci a raggiungere i tuoi obiettivi nella vita, cambia la tua strategia.
- Se non ottieni i risultati che desideri con le donne, cambia la tua strategia.

Solitamente quando non si riesce a raggiungere un determinato obiettivo lo si cambia e, da quel momento in poi, si inizia a pensare in piccolo perché ci si convince di non essere abbastanza capaci.

In realtà, quasi sempre basta cambiare la propria strategia per raggiungere le mete che ci prefiggiamo. I maschi beta nei periodi di difficoltà cambiano obiettivo, mentre i maschi alfa cambiano strategia e sperimentano "un'altra strada". Alla fine però chi cambia strategia raggiunge il proprio obiettivo mentre gli altri no.

Quando si analizza e si cambia la propria strategia aumentano le probabilità di:

- raggiungere l'obiettivo;
- sviluppare nuove abilità.

Cambiare obiettivo durante le difficoltà è strettamente collegato all'idea di successo che le persone hanno. Si crede che raggiungere un traguardo importante lo si possa fare senza passare dal fallimento e commettere degli errori. Nella maggior parte delle volte non funziona così. Ti auguro di raggiungere tutti i tuoi obiettivi senza dover affrontare delle difficoltà ma so che, nella vita, più è grande la meta che vuoi raggiungere e più difficoltà vivrai.

La televisione e i mass-media ci hanno convinti che si possa creare il più grande best-seller o la migliore app al mondo al primo tentativo. Non raccontano la verità. Prima di scrivere il più grande best-seller probabilmente dovrai scrivere decine di libri. Prima di riuscire a creare la migliore app al mondo, ne dovrai creare un centinaio che falliranno.

- Se vuoi imparare ad approcciare qualsiasi donna, dovrai fallire spesso.
- Se vuoi diventare abile nel socializzare, dovrai commettere degli errori.

Un maschio alfa non si fa fermare dagli ostacoli, sa che dovrà affrontarli e la sua voglia di riuscire è più grande della paura di fallire. Per diventare un vero leader, nei periodi di difficoltà cambia la tua strategia e non l'obiettivo. Anche perché chiunque può cambiare il proprio obiettivo nei periodi di difficoltà, ma solo un leader prosegue imperterrito.

**Riassumendo**

- La maggior parte delle persone quando non raggiunge i propri obiettivi si arrende.
- Il modo migliore di agire quando si incontrano difficoltà nel raggiungere un obiettivo, è cambiare la propria strategia.
- Un maschio alfa quando cade si rialza.

**Esercizi**

- Analizza quali strategie stai utilizzando per raggiungere i tuoi obiettivi. Decidi di cambiarle se non ti aiutano a raggiungere i risultati che desideri.
- Fai delle ricerche sulle storie di successo come: la vita di J.K. Rowling, la traversata dell'oceano da parte di Alex Bellini e la storia di Sylvester Stallone e analizza se hanno ottenuto successo al primo tentativo oppure no.

**Modo di pensare numero 4**

Le persone aspettano che le circostanze siano favorevoli per poter agire, invece un maschio alfa passa all'azione subito. Le persone credono che bisogna sentirsi pronti e preparati per poter agire, invece un maschio alfa non aspetta. Sa che non esiste un "momento giusto". Lui agisce.

I maschi beta che aspettano il momento opportuno si ritrovano ad aspettare tutta la vita. Un maschio alfa agisce e poi impara poco alla volta ciò che gli serve per "raddrizzare il tiro".

Quando hai un obiettivo è possibile che tu non abbia tutte le competenze per poterlo raggiungere, ma devi agire lo stesso. Tutte quello che ti servirà lo potrai imparare successivamente. Le persone invece fanno il contrario, ricercano tutte le informazioni possibili senza mai agire.

- Quali azioni stai rimandando da troppo tempo?
- Quali sono quelle cose che sai di dover fare ma che invece rimandi?

Le persone rimandano, differiscono, perché credono di avere tutto il tempo che desiderano e si convincono che "domani" saranno più motivati ad agire. È una tua responsabilità trasformare le idee che hai nel loro corrispettivo pratico. L'azione è fondamentale.

Ogni volta che rimandi le cose da fare, stai facendo crescere il muscolo dell'inazione.

Uno dei metodi per evitare di rimandare continuamente le azioni che sai di dover fare è rappresentato dal concentrarti sul prossimo passo da compiere. Quando hai poca voglia di fare qualcosa, concentrati solo sul prossimo passo.

Focalizzati sulla prossima azione da svolgere, non aspettare, perché ogni secondo che passa, aumenterà la tua voglia di rimandare. I maschi alfa agiscono mentre gli altri stanno procrastinando.

La procrastinazione si basa sull'atteggiamento mentale del "poi lo farò", in questo modo non ci si sente in colpa. Evitiamo in ogni modo ciò che ci procura fastidio. Un vero leader però non si comporta così, agisce e impara subito cosa migliorare per raggiungere i propri obiettivi.

L'idea che devi fare tua è: "prima l'azione e poi la riflessione" perché se invece fai il contrario, e quindi passi tutto il tempo a riflettere, non ti sentirai mai pronto per agire. ma soprattutto ricorda il tuo obiettivo principale: "VOGLIO REALIZZARE TUTTO CIÒ CHE DESIDERO".

Con il passare del tempo la tua mente trova un alleato, e avrai tanti pensieri limitanti che ti impediranno di fare le azioni che invece dovresti compiere.

Jim Rohn una volta disse: "Non devi essere grande per iniziare, ma devi iniziare per diventare grande". Questa frase rende perfettamente l'idea.

Quindi se:

- vuoi realizzare un progetto che hai messo da parte, agisci!
- Desideri diventare davvero bravo con le donne, agisci.
- Vuoi migliorare la tua vita, fai qualcosa di pratico.
- Vuoi realizzare i tuoi sogni, agisci!!!

Solo una massiccia dose di azioni pratiche può portarti da dove sei ora a dove vuoi arrivare.

I maschi alfa agiscono continuamente per raggiungere ciò che vogliono, mentre le altre persone aspettano perché hanno paura di fallire. La verità è che anche i maschi alfa falliscono spesso, l'unica differenza è che continuano ad agire lo stesso.

Mentre gli altri si lasciano abbattere da un "fallimento", i veri leader continuano ad agire sapendo che ogni difficoltà che superano li porta più vicino a ciò che vogliono.

I maschi alfa si concentrano sulle opportunità mentre i maschi beta sugli ostacoli. I leader prendono le scelte in base alla potenziale crescita, gli altri decidono in base ai propri timori. La mente dei maschi beta cerca sempre quello che potrebbe non funzionare.

Mentre i maschi alfa pensano: "Lo farò funzionare", gli altri pensano: "Non funzionerà". I leader, si aspettano il successo e sono convinti che se le cose non andranno bene, loro troveranno il modo per cambiare la situazione. I maschi beta invece, si aspettano il fallimento.

Non credendo in se stessi, sono convinti che se le cose non funzioneranno, non troveranno mai il modo per farle funzionare. Per questo motivo i maschi alfa non temporeggiano. Quando hanno in mente un'idea o un progetto, si impegnano per realizzarlo anche senza avere tutto ciò che occorre. Un uomo sicuro di sé:

- approccia anche senza sapere cosa dire, perché crede che in qualche modo riuscirà a capovolgere la situazione a suo vantaggio;
- nella vita, quando ha un sogno, si impegna in tutti i modi per realizzarlo anche se non si sente preparato al 100%.

Questa mentalità gli permette di correre dei rischi

e spesso questo elemento fa la differenza. Il leader ottiene risultati mentre il maschio beta si sta preparando al meglio. Il maschio alfa approccia le donne che gli piacciono mentre il maschio beta si prepara al meglio il discorso.

Il maschio alfa porta avanti i suoi progetti mentre il maschio beta ragiona su come prepararsi. Quando un maschio alfa va a letto con la donna che desidera, il maschio beta sta ancora progettando come agire. Il punto è che mentre il cervello di una persona sicura di sé sta valutando tutte le opportunità intorno a lui, la mente di un maschio beta sta riflettendo sui problemi e cerca di minimizzare i possibili "danni" progettando di più.

Le persone che credono in se stesse hanno l'abitudine di affrontare un problema appena nasce. Quando si presenta un ostacolo, il leader lo affronta e ritorna a focalizzarsi sul suo obiettivo, mentre gli altri perdono tempo a cercare il modo migliore per prepararsi fino a sentirsi davvero pronti. I maschi alfa sopperiscono alla mancanza di tutte le informazioni con l'azione.

A loro non importa avere tutte le conoscenze necessarie prima di risolvere un problema. Hanno la tendenza ad agire subito e a "migliorare il tiro" strada facendo. I maschi beta, invece, compensano la mancanza di informazioni con altre informazioni.

Se hai un progetto, un'idea o un obiettivo che vuoi realizzare, puoi imparare molte più cose impegnandoti per raggiungerlo piuttosto che cercando di avere tutte le informazioni che credi necessarie prima di agire.

Il motto del maschio alfa è: "Agisco ora. Poi miglioro e aggiusto il tiro".

Invece il motto del maschio beta è: "Mi preparo al meglio e, solo quando mi sentirò sicuro, farò il primo passo".

**Riassumendo**

- Le persone credono che bisogna sentirsi pronti e preparati per poter agire, invece un maschio alfa non aspetta. Sa che non esiste un "momento giusto" per agire.
- Un leader agisce e poi impara poco alla volta ciò che gli serve per "raddrizzare il tiro".
- Procrastinare le azioni necessarie, aspettando il fatidico momento giusto, è solo una scusa per non agire.
- Una massiccia dose di azioni pratiche può portarti da dove sei ora a dove vuoi arrivare.

**Esercizi**

- Individua un progetto che stai rimandando da diverso tempo e compi delle azioni pratiche per portarlo a termine.
- Fai diventare le parole "Agirò ora", il tuo mantra per un giorno.
- Scegli un obiettivo per te importante, decidi qual è il prossimo passo e fallo subito, senza rimandare.

## Modo di pensare numero 5

I maschi alfa sono più grandi dei loro problemi, i maschi beta invece no. Questo succede perché i leader accettano le sfide mentre gli altri le evitano. L'abilità da sviluppare consiste nel diventare più grande di qualsiasi problema si possa incontrare sulla propria strada. Il punto è che fino a quando vivrai, troverai sempre dei problemi ma la cosa importante non è la grandezza della difficoltà.

Non importa quanto è grande un ostacolo, l'importante è quanto sei grande tu. La stessa difficoltà infatti potrebbe mettere in crisi determinate persone ma non diventare un problema per altre.

Se sei disposto a crescere come persona, quelli che oggi possono essere i tuoi problemi non lo saranno più.

- Nella misura in cui cresci come persona, diventano sempre più grandi le tue opportunità con le donne.
- Più cresci e più grande può diventare la tua attività professionale.
- Nella misura in cui migliori, migliora tutta la tua vita.

I risultati che ottieni nella vita vengono determinati da quanto sei "grande" come persona, più cresci e più risultati ottieni. Inoltre, poiché ognuno di noi non può avere più successo di quanto è in grado di gestirne, migliorarsi diventa il modo migliore per assicurarsi che il proprio successo sia duraturo.

Se io ottengo un enorme successo ma poi non sono in grado di gestirlo, le possibilità che io lo perda crescono a dismisura.

Ipotizziamo che io gestisca una piccola attività e che, in seguito a delle collaborazioni, questa cresca in maniera esponenziale, raggiungendo un enorme successo. Se io non divento una persona in grado di:

- metterci l'impegno che serve;
- creare un team di collaboratori che mi aiuti;
- gestire lo stress;
- prendermi delle responsabilità sempre maggiori;

la mia attività fallirà in poco tempo. Purtroppo però le caratteristiche da sviluppare non sono solo quelle che ti ho indicato poco fa, ma sono molte di più.

Un maschio alfa è una persona in grado di vivere enormi successi perché ha sviluppato abbastanza qualità per gestirli.

Esistono diversi modi per sviluppare tutte le qualità che ti servono per saper gestire con successo determinate situazioni. Il metodo preferito dai maschi alfa consiste nel frequentare altri maschi alfa.

I leader frequentano e prendono consigli da altri leader, mentre i maschi beta frequentano altri maschi beta.

I maschi alfa quando sentono parlare di altre persone che hanno ottenuto successo, sono contente e curiose di capire come abbiano fatto. I maschi beta, solitamente, cercano di "abbassare" le persone che ottengono successo al loro livello, criticandole. Questo succede perché chi desidera crescere come persona, quando ha la possibilità di farlo la sfrutta.

Le persone che frequenti hanno un forte impatto sulla tua vita. I maschi alfa questo lo sanno e fanno di tutto per apprendere da persone "migliori" di loro. Così facendo, imparano a promuovere se stesse e il proprio valore. Un leader frequenta persone simili o "migliori" di lui. Nel frequentare persone che non ti ispirano e non ti aiutano a migliorare, rischi di non esprimere al meglio il tuo potenziale.

Le persone che frequentiamo più spesso hanno una grande influenza su di noi, perché hanno il potere di migliorarci o di renderci peggiori. Un maschio alfa si circonda di persone che sono sicure di se stesse, piene di entusiasmo e che lo spingono sempre a fare di più. È una questione di rispetto per se stessi perché, nel frequentare persone che ci limitano, stiamo accettando di diventare mediocri e di non migliorare.

Tutti i grandi leader hanno dei seguaci e dei simpatizzanti: il maschio alfa quindi promuove se stesso, la sua causa e i suoi valori. Un ottimo esempio di questo concetto è la storia di Philip Knight, il creatore della Nike.

Philip aveva delineato un piano per rompere la stretta mortale che Adidas aveva sul mercato delle scarpe da corsa negli Stati Uniti. La sua idea era di utilizzare la manodopera giapponese a basso costo per fabbricare una scarpa da corsa economica e di migliore qualità.

Poco dopo la laurea, nel 1962, Knight decise di mettere in atto il suo piano. È volato in Giappone per visitare la Onitsuka Co., l'azienda che produceva le scarpe più vendute in Giappone. Per ottenere la collaborazione con i dirigenti dell'Onitsuka, Philip disse di rappresentare la Blue Ribbon, una società che in realtà non esisteva se non nella mente di Knight. In questo modo Philip convinse i dirigenti giapponesi a collaborare con lui. Per un certo periodo Knight vendeva le scarpe dal bagagliaio della sua auto. Solo dopo diversi anni, in cui affrontò tantissime difficoltà, riuscì a fondare la Nike.

L'atteggiamento mentale di Philip è un grande esempio di come ragiona un maschio alfa che promuove se stesso e il suo valore.

### Riassumendo
- I maschi alfa sono più grandi dei loro problemi, i maschi beta invece no.
- I risultati che ottieni nella vita vengono determinati da quanto sei "grande" come persona, più cresci e più risultati ottieni.
- I leader frequentano e prendono consigli da altri leader, mentre i maschi beta frequentano altri maschi beta.
- Un maschio alfa è una persona in grado di

conseguire enormi successi perché ha sviluppato abbastanza qualità per gestirli.

## Esercizi

- Cerca delle persone che possano diventare i tuoi mentori sulla leadership, affinché ti aiutino a raggiungere molti più risultati. Sceglili in base ai traguardi che hanno raggiunto. Una volta individuati, frequentali per imparare più strategie possibile.

## Modo di pensare numero 6

Lo scopo di ogni insegnamento è quello di rendere l'allievo un maestro. È stato dimostrato che nell'insegnare agli altri ciò che abbiamo appreso, miglioriamo anche noi. Un sistema che puoi utilizzare per diventare più velocemente un maschio alfa è quello di insegnare agli altri ciò che hai imparato.

Naturalmente dovrai insegnare solo ciò che sei in grado di mettere in atto. Nell'istruire ciò che non hai sperimentato non sarai d'aiuto alle altre persone. I maschi alfa aiutano gli altri maschi a diventare dei leader. Non sono invidiosi, conoscono il loro valore e sono contenti di condividerlo con gli altri.

Nel fare questo migliorano anche loro. Esiste una "scala dell'apprendimento" dove puoi salire di gradino soprattutto aiutando gli altri a occupare il posto che occupi tu. Insegnare è anche un ottimo modo per ripetere determinati concetti e fissarli meglio dentro di te. Nell'aiutare gli altri ad apprendere ciò che sai, raggiungi tre risultati:

- migliori;
- aiuti gli altri a migliorare;
- ti senti emotivamente meglio.

Quando invece non condividi ciò che sai, il tuo sapere potrebbe rivelarsi inutile.

Diversi studi hanno dimostrato che quando si insegna il cervello gestisce le informazioni in maniera più chiara ed efficace. Inoltre studiare con l'intenzione d'insegnare aiuta il cervello a elaborare e ricordare meglio le informazioni apprese.

Il sistema migliore per utilizzare l'insegnamento come modo per imparare meglio è il seguente:

1. individua una strategia che vuoi imparare;
2. applicala fino a quando non riesci a svolgerla correttamente;
3. trova qualcuno che sia interessato ad apprenderla e insegnagliela;
4. continua ad applicarla con costanza.

Il punto numero tre è molto importante perché spesso si commette l'errore di voler insegnare qualcosa a persone che non sono interessate. In questo modo non farai altro che perdere tempo e innervosirle solamente. Devi insegnare a chi è disposto ad apprendere.

Ricordati che il modo migliore d'insegnare è quello di mostrare con l'esempio come si applica un determinato principio o una strategia. Insegnare ti permette di aiutare le altre persone a diventare migliori e questo ti farà sentire bene. Bisogna essere sia studenti che insegnanti per migliorare continuamente.

Ecco una breve lista di grandi leader che erano a loro volta insegnanti e allievi:

- Aristotele insegnò ad Alessandro Magno ed era stato a sua volta allievo di Platone;
- Guardiola è uno dei migliori allenatori di calcio al mondo ed è stato allievo di Johan Cruijff;
- Bruce Lee fu insegnante di ottimi artisti marziali ed è stato allievo di Yip man;
- Magnus Carlsen (diventato Grande Maestro di scacchi a 13 anni e attuale campione del mondo) insegna ai migliori scacchisti ed è stato allievo di Kasparov (considerato il miglior giocatore di scacchi di tutti i tempi).

Diventare l'allievo di chi è "più esperto" di te ed essere il maestro di chi è "meno esperto" di come lo sei tu, ti permette di crescere costantemente.

**Riassumendo**
- È stato dimostrato che nell'insegnare agli altri ciò che abbiamo appreso miglioriamo anche noi.
- Un sistema che puoi utilizzare per diventare più velocemente un maschio alfa è quello d'insegnare agli altri ciò che hai imparato. Naturalmente dovrai insegnare solo ciò che sei in grado di mettere in atto.

- Insegnare è anche un ottimo modo per ripetere determinati concetti e fissarli meglio dentro di te.
- Non commettere l'errore di insegnare a persone che non sono per nulla interessate ad apprendere.

**Esercizi**
- Scegli una strategia che sei in grado di applicare bene, poi individua una persona che sia interessata ad apprenderla e insegnagli tutto quello che sai su quella particolare tecnica. Se non riesci a trovare nessuno che sia il tuo allievo, allora prendi in considerazione l'idea di divulgare ciò che hai imparato tramite un video su YouTube, un podcast o un sito web.

**Modo di pensare numero 7**
I maschi alfa hanno una mentalità di abbondanza mentre gli altri uomini no.

Per esempio, quando un leader ci prova con una ragazza, non la considera la sua unica alternativa perché sa che, anche se dovesse andare male con lei, esistono tantissime ragazze interessate a lui.

Gli altri uomini invece considerano le donne che conoscono come "speciali" e si concentrano su una ragazza in particolare reputandola diversa dalle altre. La verità è che quella ragazza non è speciale, ma è solo una delle poche che gli dà retta.

La società ci insegna a decidere sempre tra due scelte: lavoro o divertimento, soldi o felicità, un lavoro sicuro o svolgere la propria passione, etc...

La verità è che si possono avere entrambe le opzioni. Una mentalità di abbondanza ti porta a maggiori risultati. Una mentalità in cui la scarsità domina ti porta solo ad avere più ansia e paura. Si può essere ricchi e felici, si può svolgere un lavoro che ti appassiona veramente ed essere ben retribuito per questo.

La domanda che devi porti è "come posso avere entrambe le opzioni?". Un leader ha una mentalità di abbondanza in ogni situazione.

La mia vita è un esempio lampante di ciò che sto dicendo, infatti il mio lavoro coincide con la mia passione. Proprio adesso, nel momento in cui sto scrivendo questo passaggio, sono le 7 di un sabato sera, e non mi pesa farlo, anzi, lo trovo molto gratificante, molto meglio che passare un sabato sera come lo passano in tanti (andando in giro a spendere soldi, bevendo sicuramente qualche bicchiere di troppo, tornando a casa comunque frustrati).

Se oggi il mio lavoro mi rende felice e soddisfatto è solo perché ho una mentalità di abbondanza.

Un maschio alfa vive con la convinzione di poter trovare un modo per realizzare ciò che desidera, quindi non ha la tipica paura che invece distingue un maschio beta.

Quando le persone pensano utilizzando una mentalità di "scarsità", non fanno altro che ridurre le loro capacità di successo. Questo modo di pensare infatti porta ad avere paura di agire per non sprecare l'unica opportunità che credono di avere.

I maschi beta vivono con la mentalità di scarsità perché non sono sinceri al 100% con se stessi. In passato mi è capitato spesso di notare questa dinamica: dei ragazzi vanno in discoteca con l'unica intenzione di conoscere donne nuove.

Vorrebbero tanto approcciare ma non lo fanno. Così decidono di bere un po' per farsi meno pippe mentali e magari riuscire ad approcciare le ragazze che gli piacciono. Grazie all'effetto dell'alcol riescono a spiccicare due parole ma l'effetto è il contrario di quello voluto. Invece di riuscire a sedurre le donne con cui parlano, le allontanano.

Così decidono di prendere un altro cocktail e poi un altro ancora. Alla fine della serata sono ubriachi e delusi. Non sono riusciti a parlare con nessuna donna e tornano a casa con il morale a terra.

Questo succede perché non sono completamente sinceri con se stessi. Un maschio alfa, nella stessa situazione, non ricorrerebbe all'alcool. Sa che riempirsi di cocktail è solo un modo per evitare di fallire in un approccio e non ricorre a queste "scorciatoie". Preferisce agire e sbagliare ma essere sincero con se stesso.

Essere sinceri con se stessi sembra facile ma non lo è. Un leader cerca in tutti i modi di mantenersi sincero, perché in questo modo va sempre alla radice del problema.

Un uomo:

- quando si trova in giro in un centro commerciale e, vedendo una ragazza, si ripete "lei è troppo per me", sta mentendo a se stesso perché è solo una scusa alla quale aggrapparsi per non agire;
- quando va in discoteca con l'intenzione di conoscere tante ragazze ma dice a se stesso che va lì solo per ballare, sta mentendo;
- in tutte le situazioni in cui, con una scusa, evita di agire sta mentendo a se stesso.

Un maschio alfa è sincero, dentro di sé conosce il motivo per cui agisce o per cui non agisce. Non cerca scuse e non mente a se stesso.

**Riassumendo**

- I maschi alfa hanno una mentalità di abbondanza mentre gli altri uomini no.
- Quando le persone pensano utilizzando una mentalità di "scarsità", non fanno altro che ridurre le loro capacità di successo. Questo modo di pensare infatti porta ad avere paura di agire per non sprecare l'unica opportunità che credono di avere.
- Un leader è sincero con se stesso al 100%.

**Portare la fortuna dalla propria parte**

Tutti quanti vorremmo avere più fortuna in ciò che facciamo. Alcune persone credono che la fortuna non esiste, altre invece ci credono eccome. Per mia esperienza personale posso dirti che "più ti impegni e più hai fortuna" (o se preferisci un antico detto: "aiutati che Dio ti aiuta").

Nel novembre del 1958, Augustine, chiamato da tutti Og, sta osservando nella vetrina di un negozio una pistola. Da diverso tempo pensa di farla finita e di suicidarsi. Ha 35 anni, è senza un lavoro e una famiglia, si sente solo e depresso.

Guardando la pistola ripensa a quando ha perso la casa. In dieci anni di matrimonio ha accumulato tantissimi debiti. Il suo modo di affrontare le difficoltà è quello di bere. Tutti i giorni va al bar per bere e dimenticare la situazione in cui vive. Gli restano soltanto una macchina, 30 dollari in tasca e qualche vestito.

Eppure Og continua a fissare la vetrina, è convinto che comprando la pistola i suoi problemi finiranno. In quel momento, i ricordi della sua infanzia tornano ad affiorare nella sua mente. Da piccolo voleva diventare uno scrittore di successo. Sua madre lo ha sempre sostenuto, fino al giorno in cui un infarto mise fine alla sua vita.

La strada che aveva intrapreso come giornalista non aveva portato i frutti sperati e lo aveva solo riempito di debiti. Il suo matrimonio era fallito. Ecco perché, davanti a quella vetrina, Og considerava l'idea del suicidio. Per qualche motivo decide di continuare a camminare, fino ad arrivare all'ingresso di una biblioteca. Decide di entrare e rimane molto colpito dai libri di autoaiuto. Og decide di andare ogni giorno in biblioteca per leggerli tutti, così passa i mesi successivi a studiare tutto ciò che trova per migliorare la sua vita.

Quei libri lo cambiano profondamente. Decide di vendere polizze assicurative per la compagnia di Clement Stone, uno degli autori che più di tutti aveva ispirato Og nei suoi pomeriggi in biblioteca. L'azienda accetta di dargli un lavoro e Og porta la compagnia a fatturare 5 volte di più.

La sua mentalità era cambiata completamente, aveva smesso di piangersi addosso e ora si impegnava più degli altri. Per soddisfare il desiderio di spiegare le strategie apprese ad altre persone, Og iniziò a scrivere libricini motivazionali.

Uno di questi testi arriva all'ufficio della direzione e i suoi superiori lo chiamano per fargli dirigere una testata giornalistica interna all'azienda. In qualche anno la testata diventa nazionale e attira l'interesse di una casa editrice che contatta Og per scrivere un libro. È il sogno di una vita e Og firma, per "il più grande editore del mondo", un best-seller che ha venduto più di 30 milioni di copie in tutto il mondo.

Og Mandino è morto nel 1996 dopo aver realizzato e superato i suoi sogni più grandi. Così l'uomo che pensava di suicidarsi ha inspirato milioni di persone a migliorare la loro vita.

La storia di Og è un fantastico esempio di come

ognuno di noi può portare la fortuna dalla propria parte, impegnandosi. Quasi tutti guardano ai leader come persone di successo, ma non vedono altro che il risultato di un processo che è durato anni. Non vedono la sofferenza, le difficoltà e l'impegno dimostrato per tanto tempo.

- Quando si acquista il biglietto di un concerto, non si vedono le difficoltà che ha dovuto superare quell'artista per diventare così com'è.
- Quando si conosce un imprenditore non si vedono l'impegno e la passione che lo contraddistinguono.
- Quando si apprezza la bellezza di una città, non si vedono tutte le difficoltà che ci sono state per costruirla.

Ti dico questo perché la società veicola un'idea di successo falsa, quasi come se arrivasse da un giorno all'altro, ma non è così che funziona. Un maschio alfa lo si diventa impegnandosi per diverso tempo, non per un solo giorno. Questa mentalità dovrai applicarla in qualsiasi area della tua vita.

**Riassumendo**
- Più ti impegni e più hai fortuna.

**La fiducia in se stessi**
Quando si ha un obiettivo importante da voler raggiungere, come ad esempio creare un'azienda di successo, diventare un campione in un determinato

sport o creare qualcosa che influenzi la vita di migliaia di persone, non si hanno ancora le risorse necessarie per realizzarlo. In tutte le imprese, l'unica qualità che bisogna avere è la fiducia in se stessi.

Spesso quando un maschio alfa ha un'idea da realizzare, non ha le risorse e non ha nessun collaboratore. Possiede solo la sua idea. Le persone inizialmente non lo prendono in considerazione (ti ho raccontato sopra la mia storia quando sono partito con PUATraining Italia) perché non ha ancora realizzato nulla.

Un leader dimostra di esserlo proprio in questi momenti, quando mette da parte i dubbi e crede in se stesso. Il maschio alfa e il maschio beta non possono sapere se avranno successo nella loro impresa, ma la differenza è che il leader crede in se stesso mentre gli altri no. Il maschio alfa si convince che avrà successo e fa di tutto per trasformare questa convinzione in realtà.

Leggi con attenzione questa breve storia:

*Dopo il quasi fallimento con la sua prima attività, Walt Disney viene contattato dalla Kansans City Film che gli commissiona delle pubblicità per delle attività locali. Due anni dopo, Disney lancia il progetto Laugh-O-Gram Films, con la speranza di fare successo grazie ai cortometraggi sulle fiabe per bambini. Il pubblico gradisce i cortometraggi ma, dopo un po', Walt è costretto a dichiarare il fallimento perché le spese sono troppo alte e non riesce a pagare i suoi collaboratori.*

*Così Walt crea con suo fratello Roy la Walt Disney*

*Production. Nonostante l'ottimo lavoro di Walt, il distributore di diritti di New York Charles Mintz stipula un accordo con la maggior parte dei dipendenti di Disney e li fa lavorare per lui. Walt perde sia i diritti delle sue opere che quasi tutti i collaboratori. Così, con i pochi uomini rimasti, Disney inizia a lavorare su un nuovo personaggio: Topolino. Non avrà successo fino a quando al film muto non verrà inserito l'audio. Da lì, Disney ottiene un consenso da parte del pubblico sempre maggiore.*

Questa storia dimostra cosa può fare una persona quando crede in se stessa. La maggior parte delle persone, al posto di Walt, si sarebbe arresa al fallimento della prima società. Disney invece ha continuato a crederci.

Ogni sogno attraversa due fasi prima di realizzarsi.

**Fase 1**
Nella prima fase il tuo sogno appare impossibile da realizzare. Non hai né le risorse né le capacità necessarie per realizzarlo. Tutti ti sconsigliano di provarci ed è essenziale che tu protegga il tuo sogno dai dubbi. La maggior parte degli obiettivi non vengono raggiunti proprio perché, in questa fase, le persone si arrendono. Hanno un sogno ma gli sembra impossibile realizzarlo. Un maschio alfa però crede in se stesso e si impegna per trasformare in realtà il suo

progetto. Agisce e impara tutto quello che gli serve. Solitamente procede a passo lento ma con determinazione.

## Fase 2

Solo dopo che il leader si è impegnato abbastanza, si ritrova a vivere degli imprevisti che rendono il percorso più arduo. Le persone mollano tutto alle prime difficoltà mentre un leader continua imperterrito. In questa fase il maschio alfa, se occorre, cerca dei collaboratori e il suo impegno lo porta a ottenere i primi risultati.

Ciò che distingue il comportamento di un leader rispetto agli altri è che in entrambe le fasi crede nella sua capacità di realizzare ciò che desidera.

Ecco quindi i 3 comandamenti per credere in te stesso:

1. Lavora sulla tua mentalità.
2. Credici totalmente.
3. Osa sempre di più.

## Lavora sulla tua mentalità

La mentalità che hai è uno degli ingredienti fondamentali per raggiungere ciò che desideri. L'atteggiamento con cui ti poni riguardo a ciò che ti accade determina il tuo successo o il tuo fallimento. Nella vita tutti dobbiamo affrontare ostacoli, crisi e difficoltà ma il modo in cui ci poniamo nei loro confronti è determinante.

Ci sono persone che, nonostante abbiano subito gravi incidenti dove hanno perso una o entrambe le gambe, sono riuscite a vincere delle medaglie d'oro in alcuni sport. Questo dimostra che quello che ci succede non è determinante, a esserlo è il nostro atteggiamento nei confronti di ciò che accade. Il modo in cui reagisci a tutte le difficoltà della vita fa la differenza, ed è strettamente collegato a quanto ti senti preparato a superare ogni evenienza.

Nella misura in cui ti senti pronto, preparato e competente riesci a reagire con maggiore determinazione. Sentirsi preparati nella vita quindi dipende solo da un concetto: "Nutri la tua mente". Nutri la tua mente con pensieri di entusiasmo e di fiducia in te stesso. Devi sviluppare una mentalità simile a quella di un guerriero che crede di poter battere chiunque.

## Credici totalmente

Per un venditore il modo migliore per vendere è credere nel proprio prodotto. Se ci pensi, anche tu "vendi" te stesso ogni giorno. Vendi le tue idee, il tuo modo di vedere le cose e le tue capacità. Quando parli con un'altra persona gli stai vendendo il tuo punto di vista. La maniera migliore per far accettare il tuo modo di pensare agli altri è quello di credere che quello che proponi è utile.

- Devi credere che per una ragazza sia meglio frequentare te piuttosto che un altro.

- Devi credere che hai le capacità per raggiungere i tuoi obiettivi.
- Devi credere di poter diventare sempre migliore.

Le altre persone, soprattutto se non ti conoscono bene, non sanno se sei una persona affidabile oppure no. Il tuo atteggiamento, il tuo modo di camminare, il tuo modo di fare comunicano agli altri se sei sicuro di te oppure no. La fiducia in te stesso la trasmetterai in mille modi e le altre persone lo percepiranno. Per aumentare la fiducia in te stesso devi avere il controllo del tuo dialogo interno. Quello che dici a te stesso ti influenza molto. Non puoi ripeterti tutti i giorni che non sei in grado di fare qualcosa e poi sperare di riuscire a farla. Devi parlare a te stesso come se fossi già un vincente. I maschi beta parlano a se stessi in maniera scoraggiante. I maschi alfa invece hanno un dialogo interno che gli dona energia, convinzione ed entusiasmo.

## Osa sempre di più

Prima di una delle ultime partite di Michael Jordan, Anthony Robbins, considerato uno dei più grandi esperti di crescita personale, entrò nello spogliatoio del campione per fargli una domanda. Anthony gli chiese: "Come sei riuscito a diventare il migliore di tutti i tempi?" e Jordan gli rispose: "Grazie a quattro parole: alza i tuoi standard. Ho continuamente preteso da me stesso di raggiungere obiettivi sempre più ambiziosi".

Il principale ostacolo all'impegno totale sono le distrazioni. Quando un leader ha un obiettivo da raggiungere si impegna totalmente e cerca in ogni modo di evitare di perdere tempo con delle distrazioni inutili. Email, Facebook, YouTube etc… sono degli ottimi strumenti ma alle volte diventano delle enormi fonti di distrazioni.

Controllare continuamente l'email o le nuove notifiche sui social ti può distrarre inutilmente. Oggi è possibile utilizzare i social network per lavoro o per altri validi motivi, tuttavia alcuni studi hanno dimostrato che una persona, in media, spreca un'enormità di tempo facendo cose poco utili quando invece potrebbe sfruttare il tempo in maniera migliore.

Secondo alcune ricerche, in Italia l'80% degli incidenti stradali ha come causa la distrazione del conducente. Automobilisti che mentre guidano usano il cellulare e che non hanno la loro attenzione rivolta alla strada.

Quando hai un obiettivo da raggiungere e sai che devi impegnarti, evita al massimo qualsiasi tipo di distrazione. Pretendi da te stesso risultati sempre più elevati così da costringerti a migliorare per poterli raggiungere.

### Come ci si comporta in presenza di un maschio alfa?

Leggendo questo libro hai imparato la definizione di "Maschio Alfa", come si comporta e come tirar fuori il maschio alfa che c'è in te. Adesso però, ti sorgerà sicuramente spontanea la domanda del come comportarsi quando si è in presenza di un altro maschio alfa.

Penso che sia capitato a chiunque, nella propria vita, di incontrare un maschio alfa e di essere rimasti spiazzati, senza sapere cosa fare.

Bene, da adesso, continuando a leggere, riuscirai finalmente ad aver ben chiara la soluzione a questo problema.

Permettimi una premessa. Devi sapere che esistono vari possibili scenari, con svariate possibili risposte. Quindi di seguito ti andrò ad elencare ed analizzare i **9 maggiori e più frequenti scenari che ti potrebbero capitare quando sei in presenza di un maschio alfa.** Quanto segue ti sarà utile, (anche in base al livello che possiedi) per avere risposte e comportamenti, che ti permetteranno di ottenere il più alto tasso di successo in quelle circostanze, così da poter essere in grado di riuscire a modellarti e calibrarti, a seconda dello scenario che ti si presenterà davanti.

### I 9 scenari in presenza di un altro maschio alfa

1. *Non sono un maschio alfa, non ho ancora iniziato a provare a tirar fuori il maschio alfa che c'è in me (livello base) e per puro caso mi capita di ritrovarmi*

*in un gruppo di persone del quale conosco alcuni di*
*loro, ma non conosco assolutamente il maschio alfa.*

In questo caso il modo migliore di agire è quello di cogliere l'occasione per osservarlo attentamente, nei suoi modi di fare e nelle frasi che pronuncia. Questo perché al livello attuale, probabilmente, non sarai in grado di avere un confronto con lui tale da riuscire ad uscirne vincente (o almeno alla pari). Come forma mentis cerca di tenere quella di imparare a diventare bravi in qualcosa, cominciando dall'osservare chi quella cosa la sa già fare. In questo caso provare ad interagire con lui potrebbe portarti ad una dinamica dove lui ne verrebbe fuori vincente e tu perdente e questo potrebbe buttarti giù di morale, non ne vale la pena.

2. *Non sono un maschio alfa, non ho ancora iniziato a provare a tirar fuori il maschio alfa che c'è in me (livello base) e per puro caso mi capita di ritrovarmi in un gruppo di persone del quale conosco alcuni di loro, tra cui anche il maschio alfa, anche se solo in maniera superficiale (qualche scambio di saluti di circostanza ogni tanto ma nulla di più).*

In questo caso il modo migliore di agire è quello di salutarlo, incalzandolo subito dopo con un apprezzamento su qualcosa di suo di cui siete a conoscenza o che avete notato in quel momento. Ti raccomando di fare un apprezzamento sincero, in modo tale da non far nascere in lui dubbi di altre entità (potrebbe essere un viaggio che di recente ha fatto e postato sui social ad esempio, o un capo d'abbigliamento/accessorio che indossa in quel momento). Da lì in poi vedrai che si creerà una leggera connessione tra di voi, che vi darà modo di restare più vicino a lui e vi permetterà di osservarlo più facilmente e, chi lo sa, potrebbe presentarvi altri maschi alfa o addirittura delle ragazze lì intorno.

3. *Non sono un maschio alfa, non ho ancora iniziato a provare a tirar fuori il maschio alfa che c'è in me (livello base) e per puro caso mi capita di ritrovarmi in un gruppo di persone del quale conosco alcuni di loro, tra cui anche il maschio alfa, di cui peraltro ho una conoscenza molto buona (mi ha raccontato molte storie che lo riguardano ed io ho fatto la stessa cosa con lui).*

In questo caso il modo migliore di agire è quello di confidarsi con lui. Se tra di voi esiste già una buona connessione che dura magari anche da molto tempo, rivelagli il fatto che in lui vedi una persona con delle qualità davvero positive (meglio ancora se gli specifichi quali qualità). Fatto questo, chiedigli com'è diventato così e se gli farebbe piacere poterti dare una mano nello sviluppo di queste qualità. Se è davvero un tuo amico, non si farà problemi ad aiutarti a migliorare in maniera esponenziale attraverso varie uscite insieme.

4. *È da un po' di tempo che sto cercando di tirar fuori il maschio alfa che c'è dentro di me, anche se non mi sento ancora un maschio alfa al 100% (livello intermedio) e, per puro caso, mi capita di ritrovarmi in un gruppo di persone del quale conosco alcuni di loro, ma non conosco assolutamente il maschio alfa che c'è in quel gruppo.*

In questo caso il modo migliore è quello di provare ad interagire con lui fin da subito. Non sei più un novellino ormai e quindi è il momento di osare un po' di più. Prova a conoscerlo, fatti raccontare le sue storie e cerca un confronto costruttivo tra voi, in modo tale da capire come poter crescere ulteriormente. Se sai che nel gruppo c'è un alfa e tu ancora non ti senti ad un livello sufficiente, prova comunque a giocare con lui nel gruppo. Probabilmente potresti perdere, ma allo stesso tempo avrai imparato molte lezioni di calibratura che ti saranno utili per il futuro.

N.B. RIPETO, ho detto giocare, e non fare una sfida a "chi ce l'ha più lungo", altrimenti finiresti solo per passare per "quello che si crede di essere chissà chi".

5. *È da un po' di tempo che sto cercando di tirar fuori il maschio alfa che c'è dentro di me, anche se non mi sento ancora un maschio alfa al 100% (livello intermedio) e per puro caso mi capita di ritrovarmi in un gruppo di persone del quale conosco alcuni di*

*loro, tra cui anche il maschio alfa, anche se solo in maniera superficiale (qualche scambio di saluti di circostanza ogni tanto ma nulla di più).*

In questo caso il modo migliore di agire è quello di cercare di instaurare un legame forte tra te e lui. Sei già in grado di far venir fuori on demand il maschio alfa che c'è dentro di te quindi, stringendo un legame con questa persona che conosci di vista, avrai modo di entrare nel suo mondo, scoprendo così tantissime cose nuove e riuscendo ad alzare ancora una volta la tua asticella personale.

6. *È da un po' di tempo che sto cercando di tirar fuori il maschio alfa che c'è dentro di me, anche se non mi sento ancora un maschio alfa al 100% (livello intermedio) e per puro caso mi capita di ritrovarmi in un gruppo di persone del quale conosco alcuni di loro, tra cui anche il maschio alfa, con cui peraltro ho una conoscenza molto buona (mi ha raccontato molte storie che lo riguardano ed io ho fatto la stessa cosa con lui).*

In questo caso il modo migliore di agire è quello di chiedergli di presentarti altre persone che lui conosce e che a tuoi occhi sono come lui (altri alfa). Così facendo creerete attorno a voi un circolo sociale fatto di alfa, attraverso i quali le vostre abilità prenderanno una fantastica impennata in termini di miglioramento!

Per di più, se sei in un gruppo di alfa, molto probabilmente sarai di default circondato da donne che non vedono l'ora di essere sedotte. A buon intenditore...

7. *È parecchio tempo che sviluppo la mia parte alfa, mi ritengo ormai un maschio alfa a tutti gli effetti (livello avanzato) e per puro caso mi capita di ritrovarmi in un gruppo di persone del quale conosco alcuni di loro, ma non conosco assolutamente il maschio alfa che c'è in quel gruppo.*

In questo caso il modo migliore di agire è comunque quello di salutarlo e cercare di capire fin dai primi istanti se quella persona potrebbe farti crescere ulteriormente (in quel caso fai come nel punto 4), o se invece il tuo livello è simile o addirittura superiore al suo. Nel secondo caso, ti basterà rimanere tranquillo e comportarti come hai ormai imparato a fare. Nel caso in cui ci fosse un oggetto del desiderio (ad esempio una donna) voluto da entrambi, capirete assieme che "sfidarsi" non varrà la pena e quindi, con tacito accordo, potreste decidere di lasciare o farsi lasciare "il premio in questione", tanto sapete entrambi che il mondo è pieno di pesci e quindi perdere tempo in "l'ho vista prima io" non ne varrebbe la pena.

P.S. Qualora lui mettesse il tutto su un piano personale tendente all'aggressivo, probabilmente hai fatto un errore di valutazione. Non si trattava affatto di un maschio alfa. Mettigli semplicemente una mano sulla spalla in modo amichevole davanti agli altri e fagli un complimento su qualcosa che indossa che lui pensa che sia super cool ma in realtà è super ridicolo (se non è un vero maschio alfa probabilmente avrai solo l'imbarazzo della scelta su cosa commentare).

In questo modo lui non ti vedrà più come una minaccia e si sentirà come colui che è uscito vincitore da quella situazione. Tu comunque procedi per la tua strada nel cercare di sedurre la ragazza senza che lui se ne accorga nemmeno. Dopo un po' alla ragazza dovrebbe diventare ovvio chi è il vero maschio alfa. Se per qualsivoglia motivo lei non lo vede e sceglie lui, probabile che pure lei sia un ebete visto che preferisce uno che si crede cool ma non lo è per niente, e quindi non vale assolutamente la pena perdere il tuo tempo, anche se è una bella ragazza.

P.P.S. ci sono anche dei veri maschi alfa che sono tendenzialmente molto aggressivi o comunque lo diventano per via di un antagonismo di qualsivoglia natura tra di voi.

In questi casi, un modo per allentare la tensione e comunque passare tu come il maschio alfa/leader tra voi due potrebbe essere quello di sfidarlo a un gioco che sai che a lui piace nel quale siete entrambi bravi ma nel quale tu sai di essere leggermente più bravo (consapevole del fatto che potresti comunque anche perdere ma, se pure succede, sai come sfruttare la cosa a tuo vantaggio).

Un esempio potrebbe essere una partita a calcio

balilla o anche a calcetto insieme ad altri, in questo modo:

- dimostri di essere tu il leader proponendo tu qualcosa ed è lui quello a seguire l'idea dell'altro;
- l'antagonismo che si è creato tra di voi viene in parte sfogato con la partita stessa;
- i maschi, specialmente quelli alfa, amano la competizione tra di loro quindi già solo il fatto che' gli darai del filo da torcere per vincere (qualora dovesse vincere lui) farà in modo che lui ti rispetti di più (le cose ottenute con il sudore sono sempre più apprezzate) e probabilmente ti darà la mano a fine partita. Se non lo fa, proponila tu a lui dicendogli "bella partita" piuttosto che lamentarti per la sconfitta.
- Se vinci tu, sii umile/magnanimo nella vittoria. Non prenderlo in giro e non farlo sentire a disagio. Piuttosto proponigli la tua mano e digli qualcosa del tipo: "bella partita, sei stato sfortunato questa volta ma tanto sono sicuro ti rifarai".

In questo modo acquisisci automaticamente rispetto, sia agli occhi degli altri componenti del gruppo che ai suoi. Se la cosa inizia a ripetersi in vari contesti, pian piano capiranno tutti (incluso lui) chi è il vero maschio alfa tra voi due senza alcun bisogno di un duello all'ultimo sangue!

8. *È parecchio tempo che sviluppo la mia parte alfa,*
   *mi ritengo ormai un maschio alfa a tutti gli effetti*
   *(livello avanzato) e per puro caso mi capita di ritro-*
   *varmi in un gruppo di persone del quale conosco*
   *alcuni di loro, tra cui anche il maschio alfa, anche*
   *se solo in maniera superficiale (qualche scambio di*
   *saluti di circostanza ogni tanto ma nulla di più).*

In questo caso il modo migliore di agire è quello
di analizzare il suo possibile valore, nella maniera più
oggettiva possibile. Lo conosci di vista, ma essendo
già tu un alfa a tutti gli effetti, sei in grado di capire e
di scegliere se continuare a tenere tra di voi un rapporto superficiale (e quindi agire come nel punto 7),
oppure scegliere di aumentare volutamente il vostro
grado di conoscenza, in modo da condividere assieme
le future esperienze sia a livello di socializzazione col
mondo intero (in caso di future uscite), sia in termini
di seduzione con le donne, sia anche magari a livello
di interscambio economico (come potrebbero essere
ad esempio delle proposte di lavoro o altre tipologie
di business).

9. *È parecchio tempo che sviluppo la mia parte alfa,*
   *mi ritengo ormai un maschio alfa a tutti gli effetti*
   *(livello avanzato) e per puro caso mi capita di ritro-*
   *varmi in un gruppo di persone del quale conosco*
   *alcuni di loro, tra cui anche il maschio alfa, con cui*
   *perlatro ho una conoscenza molto buona (mi ha rac-*

*contato molte storie che lo riguardano ed io ho fatto la stessa cosa con lui).*

In questo caso il modo migliore di agire è quello di CREARE. Si esatto, hai letto bene! Quando due alfa si conoscono bene e da molto tempo, non c'è bisogno di tecniche o modi di agire. Sapete entrambi di essere dei vincenti e potete decidere di fare qualunque cosa.

La più bella da fare in questo caso è creare un qualcosa assieme, che renda ancor più unico e speciale il vostro rapporto, per esempio fare una vacanza assieme in una meta sconosciuta ad entrambi, ma anche l'aprire assieme un'attività commerciale.

Potreste fare davvero qualsiasi cosa insieme poiché da due mentalità alfa che sono in estrema connessione possono solo uscire risultati spettacolari.

Nel darti qualche altro spunto utile in una situazione dove ti trovi in presenza di un maschio alfa, ricorda sempre di pensare alla tua crescita e al tuo miglioramento costante, quindi a prescindere da tutto, tieni sempre in mente questo. Che si tratti di soldi, che si tratti di tempo, che si tratti di donne, o di qualunque altra cosa, **il tuo miglioramento personale continuo e costante è ciò che vale più di tutto quanto il resto.**

Giunto a questa parte del libro, in base al tuo livello attuale, ma anche alle situazioni che ti si presenteranno d'ora in avanti, saprai muoverti con maestria attraverso le informazioni sopra descritte.

## Come si comporta quotidianamente un Maschio Alfa?

Il maschio alfa, come avrai ormai intuito, è colui che predomina in un gruppo. Esso possiede delle doti che gli altri maschi mediamente non posseggono, o che comunque sono meno sviluppate rispetto alla maggior parte degli altri maschi non-alfa.

Molto spesso viene descritto come una persona sicura di sé, che ha sempre la risposta pronta, coraggioso, con esperienza, uomo di successo nel campo lavorativo, che sa come risolvere i problemi, che ha senso dell'umorismo, e tutto ciò lo rende di conseguenza seducente agli occhi delle donne.

Non solo! Volendo attingere a racconti fiabeschi, si potrebbe tranquillamente asserire che il maschio alfa sia un mix tra il principe azzurro e il cavaliere nero, il tutto riportato ovviamente ai giorni nostri e quindi accessoriato di giacca, camicia, cura del corpo e sempre alla moda.

Insomma, come avrai ben capito, il maschio alfa è un insieme di tantissimi aggettivi e abilità che manifesta quando è necessario.

Quindi, per capire nello specifico **come un maschio alfa si comporta durante il quotidiano,** ho raccolto un insieme di 20 caratteristiche che accomunano un po' i vari maschi alfa e inserito degli esempi concreti di come e quando le utilizzano.

- *Ha molte ambizioni,* quindi quando gli viene proposto qualcosa di nuovo che potrebbe migliorare il suo stile di vita, è sempre pronto ad ascoltare e a valutare senza scartare a priori.
- *È una persona socievole*, quindi ama parlare con gli altri, scoprire ciò che hanno da raccontare, interfacciandosi con loro in maniera attiva per cui, nei bar piuttosto che nei luoghi di ritrovo, non si fa alcun problema ad approcciare o ad essere approcciato dalle persone intorno a lui, ascoltando e raccontando le varie storie.
- *Sbaglia come tutti gli essere umani ma, a differenza della massa, impara dai suoi errori,* quindi quando fallisce in qualcosa anziché abbattersi, prova a capire in qualche modo se da quel fallimento può uscirne comunque vincente e, nella peggiore delle ipotesi, capisce e sa che un fallimento non è mai un fallimento, ma semplicemente una lezione da cui si viene fuori migliori di prima.
- *Il suo aspetto fisico non è un problema, anzi.* A lui non interessa essere bello, poiché parte dal presupposto che **lui sa di piacere come**

**uomo**, quindi quando in un locale una ragazza lo guarda, il suo pensiero non è "Oh mio dio, starà sicuramente ridendo di me" bensì è "Ok, non vede l'ora di conoscermi. Vien da sé che se parti con questi presupposti mentali, se l'attrazione è reciproca, la donna verrà sicuramente approcciata (creando lei stessa le condizioni per far in modo che succeda) e sedotta.

- *Preferisce mettersi in gioco anziché restare sempre nella sua zona di comfort,* quindi se gli capita di fare qualcosa fuori dall'ordinario, che esclude ovviamente gli atti di incoscienza pura, egli è quasi sempre in prima linea per affrontare la nuova sfida.

- *Nell'ambito lavorativo ha una marcia in più rispetto ai suoi colleghi,* quindi non è per niente uno che sa stare con le mani in mano. Cerca sempre qualcosa da fare e cerca sempre di migliorare quello che fa o di diminuire il tempo che impiega, per riuscire a ritagliarsi del tempo ulteriore per fare qualcosa in più.

- *Esprime le sue emozioni anziché reprimerle,* quindi, quando una cosa lo rende particolarmente allegro, elargisce il suo sorriso tranquillamente, ride scherza e si diverte, escludendo quello che gli altri potrebbero pensare di lui, **questo gli permette di vivere la sua vita al 100%.**

- *Tiene d'occhio le performance del suo status fisi-*

*co e mentale,* quindi riesce a mantenere il giusto equilibrio fra corpo e mente, quello che gli antichi latini amavano proverbiare come "men sana, in corpore sano". Ciò vuol dire che nel quotidiano riesce a soddisfare i suoi bisogni di Salute, Affetto e Soddisfacimento Economico, evitando che uno di questi 3 punti sovrasti gli altri due.

- *Ama moltissimo il mondo delle donne,* quindi, nei locali piuttosto che nei luoghi di ritrovo, anziché focalizzarsi sul suo drink, si focalizza sull'interagire con loro, con lo scopo di conoscere il loro mondo e, perché no, anche sedurle.

- *Sceglie le donne che vuole anziché aspettare di essere scelto,* quindi, quando è single, un maschio alfa non prega di essere scelto da una donna, bensì è lui che sceglie.

- *Il suo carisma va oltre al suo mero aspetto fisico,* quindi, anche se esteticamente un maschio alfa potrebbe risultare non bello e quindi semplicemente normale o alcune volte addirittura inferiore alla media, il suo carisma oscura questo piccolo dettaglio, portandolo ad un livello superiore rispetto agli altri maschi comuni.

- *Controlla e gestisce le varie situazioni, senza minimamente sfociare nella dittatura,* quindi, anche solo in una semplice uscita tra amici, è lui a coordinare la tipologia di evento a cui partecipare (organizzazione, logistica etc...), senza però appunto sfociare in uno stato dittatoriale anzi, le persone lo seguono ad occhi chiusi, contenti di farlo.

- *Ha una grande considerazione della sua persona,* quindi non importa se arriva qualcuno che cerca di sminuirne il valore tramite qualche battuta o qualcosa del genere, lui riesce a rimanere stabile poiché ha piena coscienza della sua persona.

- *I suoi movimenti sono pacati e non frettolosi,* quindi mentre cammina, mentre sorseggia un drink etc... si muoverà con estrema calma e tranquillità, allo stesso tempo emanerà un'energia davvero enormei intorno a lui.

- *Conosce e sa dosare l'ironia e l'autoironia,* quindi, fin dai primi momenti di conversazione con le altre persone, sa ridere e scherzare senza problemi, ovviamente quando la situazione lo richiede.

- *Capisce quando è il momento di parlare di cose serie,* quindi durante le conversazioni non frivole, è in grado di dare valore alle proprie idee, senza però prevaricare quelle altrui. Non solo, negli anni un maschio alfa accumula molta esperienza agevolandolo, durante i molteplici argomenti di conversazione, nel poter raccontare tantissime cose. Allo stesso tempo però è molto propenso all'ascolto di argomenti che non conosce, e sarà lui stesso ad immagazzinare queste nuove informazioni ottenute, per poi poterle riportare fuori nelle situazioni future.

- *Non è geloso del successo altrui, bensì ne è contento,* quindi quando un suo amico (o anche rivale) raggiunge un ottimo risultato non esordisce con la classica frase di complimenti di circostanza, bensì festeggia attivamente il risultato ottenuto dal suo compagno (mentre nel caso del rivale, i complimenti sono meno glorificati, ma comunque sinceri). Tutto questo perché non ha bisogno di distruggere gli altri per sentirsi superiore, bensì parte da un presupposto dove lui sa di essere un vincente e sa che nel mondo esistono altri vincenti come lui.

- *È virile al punto giusto senza sfociare nell'uomo delle caverne,* quindi nella cura del corpo sa dosare il limite che lo porterebbe poi a passare per effeminato, mentre nella scelta del linguaggio verbale sa calibrare le parole in equilibrio sulla linea sottile tra il seduttore e il maniaco sessuale.

- *Trasmette senso di protezione,* quindi, quando c'è una difficoltà o una situazione di pericolo, tranquillizza il resto del gruppo e trova una soluzione al problema.

- *Non ha paura di tenere lo sguardo con il suo interlocutore,* quindi, quando cammina per strada, piuttosto che nei locali, non si fa problemi ad incrociare lo sguardo di altre persone. Tendenzialmente mentre mantiene l'eye-contact (contatto visivo) con altre persone, egli di default ha il sorriso stampato nel volto, come colui che è felice di vivere la vita che sta vivendo.

**Un vero maschio alfa utilizza tutto questo nel suo quotidiano e lo fa in maniera totalmente naturale, alzando incredibilmente le sue possibilità di successo quando si tratta poi di sedurre una donna.**

Adesso so che in questo momento ti starai chiedendo qualcosa tipo "e quindi, qualora io volessi diventare un maschio alfa, dovrei andare ad implementare in me tutte queste caratteristiche???".

La risposta caro amico mio è NO. Quindi resta pure tranquillo ☺.

Quelli che ti ho elencato qui sopra sono solamente i principali punti che accomunano molto spesso i vari maschi alfa tra di loro, ti ho mostrato anche come e quando li utilizzano. Ma come ben saprai, il mondo intero è composto di persone e personalità variopinte! E quindi anche i maschi alfa sono diversi tra loro.

Ma come? Finora mi hai detto che tutti i maschi alfa sono così, e ora mi dici che sono tutti diversi tra loro???

Cerco di spiegartelo meglio ☺.

In poche parole, <u>non tutti</u> i maschi alfa <u>fanno TUT-TE quelle cose</u> sopra elencate, ma **tutti i maschi alfa ne fanno molte delle suddette a seconda dei contesti nei quali si trovano.**

Quando abbiamo parlato di cos'è la timidezza ti ho spiegato che essa dipende dal contesto. Lo stesso discorso vale per l'essere un maschio alfa.

Ci sono situazioni nelle quali un maschio tipicamente alfa diventa un maschio beta. Ad esempio, potrebbe ritrovarsi a parlare con uno specialista (un dottore, un avvocato o una persona molto più brava di lui in un determinato campo o anche semplicemente in uno sport di cui lui va matto): in quel caso non potrebbe fare altro che seguire le indicazioni che gli vengono date.

Questa è un'ottima notizia per te, perché vuole dire che devi solo sforzarti di capire quali sono le "transferable skills" (caratteristiche/abilità trasferibili) che hai nei campi nei quali sei solitamente il maschio alfa del gruppo (potrebbe essere una particolare materia o lavoro per il quale hai dei seguaci che mettono in pratica i tuoi consigli/direttive) e applicarle ad altri campi nei quali solitamente non ti comporti da maschio alfa.

Ad esempio, sei un esperto finanziario e hai un tuo canale YouTube dove ogni giorno fai un video nel quale spieghi gli ultimi trend, le tue previsioni, etc... e hai tremila seguaci che ogni giorno non vedono l'ora di ascoltare quello che hai da dire.

Quali sono le caratteristiche/abilità trasferibili che puoi replicare in altri campi? Beh, di primo acchito, mi vengono in mente di sicuro: abilità di leadership, coordinamento, comunicazione, sicurezza in se stessi... probabilmente possiamo aggiungere anche carisma, determinazione, public relations.

Come vedi con ogni probabilità già metti in atto in alcuni contesti un "comportamento alfa", per questo dico che si tratta solo di risvegliare il maschio alfa che c'è in te nelle situazioni in cui al momento lo hai lasciato a dormire per chissà quanto tempo!

Per cui adesso hai molti spunti su cui poter lavorare quotidianamente per far uscire il vero maschio alfa che c'è in te!

E se tutto ciò non bastasse, ad aiutarti a farlo qui di seguito potrai trovare una lista di nomi di persone famose che sicuramente conosci, i quali potranno esserti utili per capire ancor meglio quali sono i comportamenti di un maschio alfa e come si manifestano quotidianamente. Ma mi raccomando, dopo aver letto questi nomi, non uscire di casa fingendo di essere uno di loro, altrimenti rischieresti solo di fare la figura dell'automa senza una personalità propria.

Prendi piuttosto degli spunti da questi ultimi, dopodiché, una volta assimilati i concetti, riporta il tutto fuori in maniera totalmente personale.

Per rendere la lista ancor più accattivante e non

potendo inserire tutti quanti i maschi alfa in circolazione, ho deciso di crearla un po' come se fosse la
formazione degli 11 titolari della squadra di calcio dei
maschi alfa per eccellenza.

E come ogni formazione alfa che si rispetti, non
potevamo che scegliere il modulo 3-4-3, all'insegna
del coraggio e del volersi mettere in gioco.

Ecco a te i nomi degli 11 titolari del team degli
alfa:

- Col **numero 1,** tra i pali, nel ruolo di portiere,
  troviamo il leggendario attore **Sean Connery**,
  che si può decisamente definire uno dei più
  storici maschi alfa che il mondo abbia mai co-
  nosciuto. Attraverso i film di 007 in cui inter-
  pretava il ruolo di James Bond (in realtà tanti
  altri che lo hanno interpretato possono essere
  presi come modelli di maschio alfa), incarna il
  perfetto maschio alfa in grado di far letteral-
  mente sognare le donne con le sue doti speciali.
- Col **numero 3,** nel ruolo di stopper di sinistra,
  troviamo **Brad Pitt**. Successo, fama, riconosci-
  menti, idolo per tantissime donne che fareb-
  bero davvero di tutto per averlo. Un maschio
  alfa a tutti gli effetti (probabilmente lo stesso si
  può dire di George Clooney).
- Col **numero 5,** nel ruolo di centrale di difesa/
  libero, troviamo **Will Smith**. Qui non servono

presentazioni per questo maschio alfa che nei suoi vari film (soprattutto con *Hitch, lui si che capisce le donne*) ha mostrato più volte di meritarsi il titolo di maschio alfa.

- Col **numero 13,** nel ruolo di stopper di destra, troviamo <u>**Johnny Depp**</u>. Mistero, ironia, voluta demenzialità, coraggio, cuore. Quest'uomo negli anni, attraverso i suoi film, è riuscito a trasmettere il suo essere alfa in modo davvero originale. Non è un caso se gli uomini normalmente, durante un'uscita, indossano il profumo da lui pubblicizzato, solo per poter dire ad una donna "sai che ho addosso il profumo di Johnny Depp?".

- Col **numero 20,** nel ruolo di centrocampista esterno di sinistra, troviamo **Flavio Briatore** (anche se nella sua categoria, a dirla tutta, io preferisco Lord Sugar che è un po' una versione inglese di Briatore, non per quanto riguarda l'aspetto "donne" ma come "alpha businessman"). Esteticamente non attraente, il suo successo nella vita è dato dalle sue abilità imprenditoriali che lo hanno portato a diventare attraente agli occhi di molte donne.

- Col **numero 8,** nel ruolo di centrocampista centrale, troviamo **Silvio Berlusconi**. Non voglio fare politica (personalmente la politica neanche mi piace e ad essa preferisco di gran lunga l'imprenditoria), ma quest'uomo, attraverso l'ironia e al suo essere alfa dentro, è riuscito e riesce ancora oggi a sedurre donne a ruota di carro. Anche il semplice fatto che abbia subito un importante intervento al cuore e sia ritornato più forte di prima, nonostante l'avanzata età, gli scandali, i processi e l'intervento... non fa altro che alimentare ulteriormente l'impressione di un forte leader, capace di superare qualsiasi ostacolo la vita gli abbia messo davanti.

- Col **numero 4,** nell'altro ruolo di centrocampista centrale, troviamo **Donald Trump**. Si dice in giro di lui che sia un maschilista di prima categoria. Forse lo è, ma sicuramente è anche uno stratega negli affari e dei propri obiettivi di prim'ordine. Come già detto, lui 30 anni prima di diventare presidente degli USA parlava di diventare presidente degli USA pubblicamente nelle interviste e non ha mai ceduto finché non è riuscito a diventarlo nonostante i tantissimi ostacoli che ha dovuto superare (molti dei quali da gente del suo stesso partito!). Se solo volesse, potrebbe avere un sacco di donne ai suoi piedi con un semplice schiocco di dita Probabilmente lo stesso si può dire di Vladimir Putin (non come businessman ma come statista).

- Col **numero 16,** nel ruolo di centrocampista esterno di destra, troviamo **Marco Borriello**.

Nel mondo del calcio ha avuto successo, anche se non tanto quanto altri suoi colleghi. Ciò che lo rende alfa di diritto, è il fatto che tantissime donne hanno cambiato squadra del cuore solo per poter dire che tifavano la squadra in cui giocava Marco. Trascinatore!

- Col **numero 10,** nel ruolo di ala sinistra, troviamo **Gianluca Vacchi**. Nell'era moderna incarna la bella vita 24 ore su 24, a 360 gradi. Per molti potrebbe non essere l'ideale di vita che si vorrebbe vivere, ma per lui sì. Soldi, donne, feste. Vacchi, nel bene o nel male, non può che essere considerato un maschio alfa a tutti gli effetti.

- Col **numero 7,** nel ruolo di ala destra, troviamo **Christian Vieri**. Il bobone italiano è definito ormai il <u>bomber</u> per eccellenza e, molto probabilmente, è proprio a lui che si deve l'icona di riconoscimento del maschio alfa 2.0: attraverso tutti i social più conosciuti, ha spopolato con i suoi video da cui è partita questa era dei bomber. Successo nel campo da gioco prima, e fuori dal campo poi. Attenzione a volerlo emulare, potresti rischiare di farti molto male.

- Col **numero 9,** nel ruolo di attaccante centrale di sfondamento, troviamo **Rocco Siffredi**. E non è un caso se Rocco in questa classifica si trova proprio nel ruolo di punta di sfondamento. Fascino e potenza sessuale lo hanno reso negli anni il maschio alfa che segretamente ogni donna vorrebbe al suo fianco. _Maschio Alfa Certificato_.

- In panchina, col ruolo di **allenatore della squadra**, troviamo **David Shore**. In arte <u>Gregory House</u> nella nota serie televisiva _"Dr. House - Medical Division"_. Non è mai stato noto come colui che seduce donne come si beve l'acqua, ma di certo se fosse un allenatore che insegna agli uomini come si diventa un maschio alfa, attraverso molti dei s uoi comportamenti che si intravedono nella serie TV che lo ha reso famoso, sarebbe in grado di creare un esercito di uomini alfa che porterebbe ad un disequilibrio gigantesco sul pianeta terra. Meno male che fa solo l'attore.

E con questo, adesso, hai davvero tutte le informazioni per capire come si comporta un maschio alfa quotidianamente, così da poter riportare tutto quanto fuori, nella tua vita quotidiana, in maniera personale.

CONCLUSIONI

Tutto quello che hai letto in queste pagine deve essere applicato. La sola lettura non ti permetterà di cambiare la tua vita. Devi unire la teoria alla pratica, solo allora vedrai i risultati che desideri. La maggior parte delle persone non si impegna abbastanza per cambiare la propria vita, se impara delle strategie non le sperimenta mai.

Devi creare un equilibrio tra la teoria e la pratica. Chi legge soltanto conosce la teoria ma non ottiene risultati. Invece chi pratica solamente, senza conoscere la teoria, raggiunge più risultati ma non migliora costantemente. La persona che conosce la teoria e la applica, ottiene risultati e si migliora costantemente.

Quello del maschio alfa è un percorso in continua evoluzione, dove non si smette mai di migliorarsi. Gli eventi della vita ti danno la possibilità di superare le tue paure e di trasformare le tue debolezze in punti di forza. Tuttavia, conoscere e apprendere le migliori strategie ti aiuta a velocizzare questo processo.

C'è sempre più bisogno di maschi alfa e di persone dotate di leadership. Riuscire a diventare più sicuri di se stessi permette di ottenere molti più risultati in tutti gli ambiti della propria vita e, per riuscire a creare dei cambiamenti duraturi, c'è bisogno di cambiare le proprie abitudini giornaliere. Con impegno e con costanza riuscirai a farcela. Ti invito a non arrenderti alle prime difficoltà, so che non è facile ma devi impegnarti anche quando non vedrai nessun miglioramento.

Alcune volte procederai con molta velocità lungo il sentiero che ti porta a diventare un vero maschio alfa, mentre altre volte procederai più lentamente. Non mollare! L'unica cosa che conta è avere fiducia in se stessi. Ci saranno giorni in cui sarai molto motivato, sfruttali al meglio, e giorni in cui non avrai voglia d'impegnarti.

L'unico metodo che ti porterà tutti i risultati che desideri è quello di essere costante. Impegnarsi per qualche settimana non basta. Essere resilienti fa la differenza tra il successo e il fallimento. Il mio augurio e che tu riesca ad esprimere l'immenso potenziale che c'è in te, vivendo la vita che hai sempre desiderato.

Louis Nicoletta

# Appendix 1
## Un gioco per uscire dalla Timidezza + Strategia per acquisire Sicurezza in se stessi

Se applicherai tutto ciò che hai letto in questo manuale, la timidezza sarà solo un ricordo. Nel frattempo che fai gli esercizi, ti consiglio di leggere con attenzione queste ultime considerazioni dove trovi delle idee utili per superare la timidezza. Prima di avere gli strumenti per vincere la propria timidezza, bisogna farsi le giuste domande e cercare di darsi delle accurate risposte.

Chiedi a te stesso il motivo per cui sei timido. Sembra che sia una cosa scontata, ma non lo è affatto. Da questa domanda puoi capire sia le tue credenze auto-limitanti e sia il perché ti vuoi auto-convincere che sia così.

Scrivi su un foglio le risposte che la tua parte razionale ti dirà.

Molto probabilmente, sono proprio le risposte che darai a te stesso il motivo per cui non riesci ad agire diversamente.

La maggior parte delle persone alla domanda:

"Perché sei timido?"

Rispondono:

1. Lo sono e basta;
2. Perché fa parte di me/fa parte del mio carattere o modo di essere.

Queste convinzioni non danno alcun input alla tua mente per cambiare modo di relazionarsi con se stessi e con il prossimo. Il primo errore da non fare è quello di etichettarsi.

Il secondo, che è molto comune, è quello di associare la timidezza a sensazioni negative e di malessere.

Rientrano in questa categoria tutti coloro che alla domanda "perché sei timido" rispondono:

Non sono nella mia zona di comfort, mi sento inadeguato in un preciso contesto e quindi:

1. non mi sento accettato dalle persone, ho paura di sbagliare qualcosa;
2. non penso di risultare interessante se condividessi con gli altri le mie opinioni;
3. mi sento bloccato, forse è la paura di essere giudicati;
4. mi sento insicuro.

Quindi cerca di capire a quale di questi punti si avvicina di più la risposta che dai a te stesso.

Ti faccio riflettere che solitamente queste sensazioni negative sono collegate, l'una attiva l'altra. Infatti una persona timida, se dovesse scegliere un'unica opzione tra quelle elencate, si ritroverebbe in difficoltà.

Quindi il nostro obiettivo è fare in modo che non ci sia alcuna di queste sensazioni negative ed eliminare la credenza che la timidezza faccia parte di noi, come se fosse una parte del corpo.

Durante i nostri corsi dal vivo ci capita che innumerevoli corsisti vogliono ottenere questi cambiamenti e riusciamo a farglieli ottenere in breve tempo.

Ovviamente da persona a persona cambia molto "l'intensità di questa timidezza". Quindi la domanda da porsi è:
"Ci può essere un'unica strategia vincente che si possa applicare a individui diversi con difficoltà diverse?"

I risultati che abbiamo riscontrato ci dicono che se una persona non focalizza i pensieri su queste sensazioni negative e dà poca importanza alle azioni che fa, la timidezza viene annientata.

Per riuscire a far distrarre la mente da queste sensazioni negative, bisogna assolutamente concentrarsi su sensazioni opposte.

Ti faccio capire tramite un esempio: se la mia migliore amica piange (e quindi ha uno stato d'animo negativo) e io non voglio che lei si concentri sul "soffrire", che è una sensazione che associa alle lacrime, il modo migliore è nel cercare di farla ridere.

Quindi se ho un'amica che piange, potrei cercare di dire cose divertenti, farla pensare a cose buffe (almeno che ovviamente non sia successo qualcosa di davvero grave, altrimenti passerei per una persona poco empatica/con poca intelligenza sociale).

Direi talmente tante "cavolate" che la mia amica non riuscirebbe più a concentrarsi sulle lacrime (come piccolo compito infatti prova a pensare a un gatto che si masturba, immagina la scena e poi prova per i prossimi 30 secondi a non pensarci).

Ricollegandoci quindi al discorso di superare la timidezza, la strategia vincente è di vedere tutte quelle azioni che ci fanno vivere sensazioni negative come un gioco.

L'ideale quindi è avere un appiglio che ti giustifica nel parlare con le persone e ti permetta di vincere la timidezza. Un'idea utile è quella di creare un gioco, magari puoi sfidare un tuo amico a chi fa più punti.

Puoi fare un gioco dove:
1. Vai in giro con un taccuino e inventati un questionario con dei sondaggi e alla fine dici che era uno scherzo...

Guadagni 1 punto se l'intervistato ti risponde alla prima domanda. Guadagni 3 punti se arrivi alla terza domanda.

2. Chiedi informazioni irrealistiche (Ciao, sto cercando un cavallo nei dintorni, sai dove lo posso "catturare"?)
   Guadagni un punto se la persona ride.
   Guadagni 3 punti se rimane per almeno 1 minuto.

3. Chiedi informazioni stradali e finisci la conversazione con un commento (Ciao, sai la strada per arrivare al Colosseo? E poi: comunque secondo me il Colosseo francese è più bello, lo hai mai visto?)
   Guadagni 1 punto se lo dici, 2 punti se ride, 3 punti se ti risponde.

4. Inizia a guardare negli occhi le persone e fagli l'occhiolino, il gioco sta nel vedere se ridono, questo è il tuo obiettivo. Se ridono è 1 punto, se ricambiano 3 punti!

5. Mettiti alla fine di una scala mobile in un centro commerciale o altro luogo pubblico e saluta con un semplice "Ciao" le prime 100 persone che ti passano davanti.
   Se ridono è 1 punto, se ricambiano 3 punti, se si fermano a parlare per più di 1 minuto 5 punti!!

Che record potresti fare in una giornata? Fai un confronto tra il tuo punteggio quando fai questo gioco la prima volta e quando lo ripeti la seconda, terza, quarta e quinta volta.

Spingiti sempre oltre e cambia frase/battuta nel momento in cui il dire/fare quella cosa non ti fa avere più nessun miglioramento.

Datti delle regole in questo gioco dove il motto deve essere "cazzeggiare, divertirsi, prendersi meno sul serio".

Immagina che in questo gioco avete degli obiettivi/missioni da portare a termine e per farle bisogna scherzare e non essere mai seri.

Non devi auto-giudicarti e devi iniziare a ridere in positivo di te stesso.

La strategia per abbattere la timidezza sta nel trovare una missione che è alla tua portata e cercare di ottenere sempre più punti, divertendoti.

Nota per le persone più timide: inizia da una semplice richiesta di informazione – già il fatto di fare qualcosa è una vittoria!!

Sì, hai capito bene: la migliore strategia sta proprio nel fare quella piccola azione che non ti dà troppa ansia ma che ti permette di metterti in gioco. Se questa azione la fai in modo costante gradualmente ti spingerai sempre oltre!

*"Cose ordinarie, fatte in modo consistente, portano a risultati straordinari"* – cit. Matthew Hussey nel **Master Pick Up Artist University**.

P.S. Matthew è un ex istruttore di PUATraining nel Regno Unito ed oggi forse la figura più di spicco a livello mondiale per quanto riguarda l'insegnare alle donne come conquistare, e soprattutto, tenere l'uomo dei propri sogni. Uno dei suoi video che più ha spopolato sul web è quello dove spiega ad una platea di donne, durante un suo seminario, chi dovrebbe pagare da bere al primo appuntamento. Per trovare il video di cui parlo ti basta cercare su Google: "chi dovrebbe pagare da bere Matthew Hussay".

Devi concentrare i tuoi pensieri sul senso di sfida.
La sfida è iniziare una giornata e darti come obiettivo quello di fare 4 punti e poi vedere se ci arrivi e se riesci a superare questo punteggio.

*"Il solo pensiero di fare questo mi mette ansia, che devo fare?"*

Devi capire che la migliore strategia è metterti

in gioco, non è importante se chiedi a una persona un'informazione o se gli dici solo "Ciao", lo scopo iniziale non è quello di fare qualcosa nell'immediato che prima ti metteva ansia, ma invece è quello di fare qualcosa che ti fa mettere in gioco e solo in seguito spingerti un pochino oltre.

Se inizi a dire solo "Ciao" a 30 persone, la 31esima volta è possibile che tu stesso ti annoierai e cercherai di dire altro per non essere monotono.

Una domanda da porsi per migliorare è:
"In base a quale elemento possiamo capire se con il tempo stiamo migliorando nel campo della seduzione?"

Immagina un principiante che va ad approcciare e dopo aver pronunciato la frase d'approccio viene rifiutato.

Ora invece immaginiamo un esperto di seduzione che fa lo stesso approccio, pronunciando la stessa frase e viene anche lui rifiutato.

· Analizzando questo singolo "fallimento" di entrambi, anche se il risultato è lo stesso, quale potrebbe essere la principale differenza tra un principiante e un esperto di seduzione?
Sicuramente la sicurezza che si ha di se stessi.

Per comodità distinguiamo la sicurezza in due rami:

1. "Sicurezza dell'Essere" (che possiamo definire come una sicurezza "interna" o "inner game" nel gergo PUA).
   Probabilmente è la sicurezza più "pura" che abbiamo e anche quella più difficile da cambiare.
   Questo perché è legata al valore che pensiamo di avere.

   È il giudizio che diamo a noi stessi, ossia se ti consideri una persona che apprende rapidamente, che ha molte qualità, se nel profondo pensi di essere intrigante, carismatico, scherzoso, ecc... in altre parole è la sicurezza che diamo alla nostra "sostanza".
   Possiamo paragonarla al "motore di una macchina".

2. Sicurezza "dell'Apparire e del Fare" (che possiamo definire come una sicurezza esterna).
   La possiamo definire una sicurezza "esterna" perché è quella che proiettiamo all'esterno ed è quella più facile da modificare.

   Consiste in ciò che noi mostriamo all'esterno e quindi differisce a seconda della persona con cui ti relazioni.
   Ovviamente questa sicurezza, che le persone percepiscono in modo soggettivo, è legata alle tue azioni e per questo si può chiamare anche sicurezza del "Fare".

La sicurezza del "Fare" ti permette, mediante le tue azioni, di proiettare all'esterno un determinato valore che può essere più alto di quello che hai realmente, oppure più basso.

Rappresenta il recipiente che mostri all'esterno.
Quindi attraverso le tue azioni puoi apparire come una Ferrari o una Panda usata.

Abbiamo capito che la sicurezza "dell'apparire" può farci esprimere un valore più alto o più basso di quello che abbiamo ma qual è la migliore strategia per "avere" ed "esprimere" questa sicurezza?

Le fasi sono:

1. Riflettere sul valore che proietti all'esterno.
2. Agire per comunicare all'esterno un valore maggiore, anche se inizialmente sarà un fingere perché è un "valore non ancora acquisito del tutto" e che soprattutto è più facile mostrare a breve termine.
3. Lavorare costantemente sul secondo step, in modo tale che, avendo man mano dei riscontri positivi (e che ti faranno riflettere sui successi ottenuti), sia razionalmente che inconsciamente aumenterà anche il tuo Inner Game.

Questo accadrà perché il tuo reale valore (ossia

la tua "Sicurezza dell'Essere") è solo un insieme di tutte le tue esperienze (il tuo vissuto sia positivo che negativo) e, una volta che avrai avuto esperienze positive, prenderai più confidenza con le tue abilità e avrai modo di rivalutare te stesso.

Quindi il fingere inizialmente è importante solo per avere quell'input iniziale che ti dà lo stimolo per AGIRE.

Volendo usare un proverbio inglese: *Fake it till you make it!*

- Tutti gli 007 (Soprattutto quelli con Sean Con-nery e Daniel Craig)
- Last Knights (con Morgan Freeman);
- Fight Club;
- 300;
- Braveheart- Cuore Impavido;
- Il Gladiatore;
- La Forza del Campione (Peacefull Warrior);
- Hitch, lui sì che capisce le donne;
- Alì (con Will Smith);
- Troy;
- L'ultimo Samurai;
- Glory Road;
- Coach Carter;
- After Heart;
- The Bourne Ultimatum
- Slevin, patto criminale;
- V per Vendetta;
- Batman il Cavaliere Oscuro;
- La "serie" di Rocky;

- Crazy, stupid love;
- Il sapore della vittoria;
- Hunger Games (la Trilogia);
- Rush;
- La Leggenda di Bagger Vance;
- Io sono leggenda;
- Yes man;
- Kickboxer - Il Nuovo Guerriero;
- Maze Runner - Il labirinto;
- Ip Man2;

# APPENDIX 3
## SFIDE & FORMA MENTIS

**Ricorda:**

- Goditi il momento e divertiti

- Vivi l'interazione con un'energia positiva e leggermente più alta del tuo interlocutore

- Parla con chiunque

- Non esiste il concetto del fallimento, solo quello di raccontare storie divertenti dopo

- Esci dalla tua Comfort Zone a qualsiasi occasione ed in qualsiasi modo

**Sfide Con Te Stesso Di Riscaldamento** (1 punto per ognuna):

- Tieni il contatto visivo con 5 persone per 1-2 secondi in più di quello che faresti normalmente

- Con le prossime 5, guardale per 5 secondi e sorridi mentre distogli lo sguardo da loro

- Batti il 5 con 3 ragazzi che non conosci per entrare in uno stato mentale che non te ne frega della reazione degli altri.. poi continua a camminare

- Chiedi a 2 ragazze diverse di raccomandarti un buon cocktail / drink

**Opener Facili Per Iniziare – usa ognuno almeno 1 volta** (2 punti per ognuna):

- "Io ed il mio amico non veniamo mai da queste parti, dove potremmo andare stasera"?

- "Come procede la tua serata"?

- "Sai dove si trova X e come arrivarci da qui"?

- (se siete in fila) "Credo che dovresti fare in modo di farci saltare la fila.. usa il tuo fascino"

**Spezzoni Di Conversazione** (2 punti per ognuna):

- "Abbiamo bisogno di una ragazza / donna per questo quesito: vi sentite insicure se un uomo sa cucinare meglio di voi"?

- "Io ed io mio amico stavamo parlando di questa cosa ed abbiamo bisogno del parere di una donna: quanto si dovrebbe rivelare di se stessi al primo appuntamento"?

**Strategie Per Farti Desiderare** (2 punti per ognuna):

- Sii il primo ad interrompere una conversazione che sta andando bene dicendo che devi tornare dai tuoi amici ma che dovreste continuare dopo / più tardi

**Sfide Avanzate** (5 punti per ognuna):

- Vai da un gruppo di 3 o più ragazze, inizia a parlarci e portale dai tuoi amici

- Fai dei complimenti che non si capisce bene se sono dei complimenti a 3 donne diverse (ad es. carino il fatto che il suo naso si muove come un budino quando sorride, chiedi se il colore dei capelli è naturale ed indipendentemente dalla risposta le dici: hmmm pensavo che lo fossero / non lo fossero, ecc.)

**Punti Bonus** (3 punti per ognuna):

- Con un amico, approccia 2 donne, dite che state celebrando / festeggiando questa sera e toccale il bicchiere facendo cin cin. Quando ti chiedono cosa state celebrando / festeggiando, rispondi: "Niente di particolare, stiamo semplicemente festeggiando.. dovreste provare anche voi"

- Approccia una HB che sia almeno una 8 e che sta aspettando da un po' al bancone di essere servita e dille: "certo che per esserti preparata così tanto non stai avendo molto successo col barman, mi sa che è gay, lascia che ci provi io, cosa stai ordinando?"

**Spingersi Oltre** (3 punti per ognuna):

• Approccia una ragazza che trovi attraente ed inizia una conversazione. Nel mezzo della conversazione dille: "non dovrei stare qui a parlare con te, non riesco a resistere alle ragazze che indossano giacche di pelle / che hanno un piercing sulla lingua / usano Channel 5" (qualsiasi cosa faccia al caso)

• Se la ragazza con la quale stai parlando sembra una tipa atletica / che fa sport dopo un po' falle pressione sui bicipidi e dille: "però.. forse devo stare attento che sei una tipa violenta.." (accompagnato da sorriso sfacciato / arrogante per farle capire che intendi: violenta a letto)

• Scopri quali sono i suoi valori: se state parlando del suo lavoro, chiedile quale sarebbe il lavoro dei suoi sogni se la paga non fosse un fattore determinante

**Sfide Con Il Tuo Wing (Compagno Che Ti Fa Da Supporto) e Divertimenti** (4 punti per ognuna):

• Giocatevi la stanza – conoscete 3 persone nuove nella stanza ogni 10 minuti per la prima ora

- Il gioco del lavoro: approcciate una ragazza e ditele che insieme state giocando ad indovinare il lavoro delle persone alla festa dal loro look. Poi cerca di indovinare cosa fa.

- Chiedete a turno ad una ragazza quali superpower lei sceglierebbe – potete poi prenderla in giro o farle dei complimenti su qualsiasi cosa lei sceglie. Ad es. se lei sceglie di essere invisibile puoi dirle: "Uh-oh, nessuno sceglie di essere invisibile almeno che non voglia farci qualcosa di losco. Non credo di potermi fidare di te adesso.."

- Miss Fashion – approcciate la ragazza più ben vestita nella stanza e ditele: "Congratulazioni Signorina, lei ha vinto l'ambitissimo award / oscar Miss Fashion Della Serata – suggeriamo un brindisi e che d'ora in poi a turni, lei diventi la nostra Fashion Consultant quando andiamo a fare shopping (e se fai un buon lavoro ci esce un regalino anche per te ;-)"

- Con il tuo wing, fate a testa o croce con una moneta ed il perdente deve fare un approccio con l'opener prestabilito. (assegnatevi pure extra punti per gli opener più audaci)

# RINGRAZIAMENTI

Con la pubblicazione di questo libro ci sono tante persone a cui voglio esprimere la mia gratitudine e riconoscenza.

Sono grato alle persone che hanno condiviso con me esperienze di vita, sia positive che negative (in particolare quelle negative sono state indispensabili a farmi diventare la persona che sono oggi), grazie alle quali mi sono formato nel corso degli anni come individuo e professionista.

Sono grato a coloro che, direttamente o indirettamente, sono stati per me esempi eccellenti su cui basare le mie aspirazioni o obiettivi.

. Sono infine grato ai membri del mio Team PUA-Training che mi hanno dato una mano nel mettere insieme questo libro e far sì che questo progetto si trasformasse in realtà.

In modo particolare, tra i membri del mio Team, voglio ringraziare Richard La Ruina per aver creduto in me 10 anni fa circa quando gli proposi di portare PUATraining in Italia, sperando di aver ampiamente ripagato la sua fiducia con il fatto che, con ogni probabilità, l'Italia, dopo i Paesi anglofoni, è il Paese dove PUATraining ha avuto maggiore successo nel corso degli ultimi 10 anni.

Tra gli altri membri del mio Team PUATraining ringrazio in modo particolare gli istruttori Kita (Sebastiano Scarano) e Giulio (Nicotra) e Danilo Maruca per il loro contributo al libro.

Grazie ai miei genitori (e alla fortuna che ho di averli ancora entrambi vivi nonostante la loro età avanzata) che mi hanno insegnato a "campà da omme" (vivere da uomo) come si dice in Campania.

Grazie ai luoghi e alla gente del posto dove sono nato e cresciuto che, per quanto non siano stati in grado di darmi abbastanza opportunità per farmi restare lì, hanno fatto sì che prima di andarmene avessi sviluppato una sana dote di "cazzimma" (scaltrezza) per affrontare le sfide della vita.

Grazie a Londra e a tutte le opportunità che mi ha dato e continuerà a dare sia a me che alla mia prole.

Grazie a mia moglie Weronika (e ai due corsisti a cui feci il corso bootcamp nel Tiger Tiger di Piccadilly a Londra i quali, dopo la parte teorica, NON ebbero il coraggio di andare ad approcciarla e "costrinsero" me a fargli vedere "come si fa" ad approcciare una bella ragazza al bancone di un bar con un'amica) che mi ha sempre seguito nelle mie decisioni (anche quando men che ideale/piacevole per lei farlo) e che mi ha donato due figli spettacolari.

Grazie ai miei figli Sebastian e Thomas che mi riempiono il cuore di gioia ogni giorno da quando sono entrati nella nostra vita e che, insieme al mio inner game, mi danno quella marcia in più per affrontare le sfide più dure che la vita mi ha messo e continuerà a mettermi davanti.

# Offerta Sconto 45%

Se sei arrivato fin qui vuol dire che sei una persona che nelle cose va fino in fondo. E proprio perché sei così motivato voglio donarti l'opportunità concreta di poterti trasformare nella migliore versione di te stesso, offrendoti uno **sconto del 45% su un qualsiasi prodotto online per l'apprendimento in auto-didatta o corso dal vivo di autostima, assertività e di seduzione finalizzato allo sviluppo e al miglioramento personale e sentimentale offerto da PUATraining Italia a tua scelta.**

Ecco che cosa devi fare per riceverlo:

1. Scansiona il QR Code che vedi qui in basso (o visita la pagina https://seduzione.co/maschioalfa)

2. inserisci la tua email per ricevere il tuo coupon

Printed in Poland
by Amazon Fulfillment
Poland Sp. z o.o., Wrocław

64484392R00175